No.1 エコノミストが書いた

世界一わかりやすい 金利の本

みずほ証券チーフマーケットエコノミスト
上野 泰也 ●編著

かんき出版

はじめに

「経済から金利を読む」——債券、為替、株式といった金融市場（マーケット）の世界に身を置くエコノミストとして、私が日々行っている1つ目の仕事です。

　たとえば、景気が良くなるのか、悪くなるのか。物価は今の慢性的なデフレ（物価下落）状況から脱却するのか、しないのか。国の予算に代表される財政政策や日本銀行が行っている金融政策は、これからどう動くのか。

　こうした経済予測を組み合わせていくと、短期金利と長期金利が今後、マーケットでどう動くのかが導き出されます。

「金利から経済を読む」——私の2つ目の仕事です。

　国内外のマーケット参加者は日々、自らが立てた経済予測に基づいて、債券に代表される金利関連商品の売買を繰り返しています。

　膨大な売買の結果、形成される金利水準には、すべての参加者の経済予測が凝縮されています。

　この金利水準から、すべての参加者が予測する経済の将来像の「多数説」を割り出すと、経済の先行きが導き出されます。

　マーケットで形成された金利水準は、私たちの暮らしに大きな影響を与えます。

　まず、銀行預金をはじめとする金融商品の金利、住宅ローン・カードローンなどの借りる金利に影響を与えます。

　また、私たちが払い続けている年金の将来にも影響を与えます。

年金基金は、債券を含むさまざまな金融市場で運用されているので、金利水準によって運用成績の良し悪しが決まるからです。

　さらに、私たちの暮らしを支える政府の財政状況にも影響を与えます。

　国や地方公共団体の財政は、税金だけでは足りません。借りたお金の返済と金利の支払いを約束した信用証書（国債・地方債）を発行して、市場からお金を借りることで、ようやく必要なお金をまかなっているのです。

　今後もし、金利が日本経済の状況にそぐわないほど高くなったら、金利支払いの負担が重くなって、国や地方の台所事情はさらに苦しくなってしまいます。最終的には、政府が「消費税大増税」を実行して、借金返済に充てようとするかもしれません。

　このように、「金利が将来どう動くか」を知ることは、一個人のお金の損得という範囲を大きく越えて、日本の将来を大きく左右する大問題を知ることでもあるのです。

　だから、金利の知識を身につけることは、私たちがこの不透明な時代を生き抜くうえで、とても重要なのです。

　本書は、難しい専門用語はかみ砕き、身近な具体例を織り交ぜながら、「金利」という経済の最も重要なマーケットの姿をまとめました。読めば、「生きた」金利と経済の知識が身につく本になっています。

　それでは、金利の世界の探検を始めることにしましょう。

2010年7月　上野　泰也

　※Part1～5、8～9は河合が執筆し、上野が監修。Part6～7は上野が執筆しました。

日本の短期金利と長期金利をめぐる状況

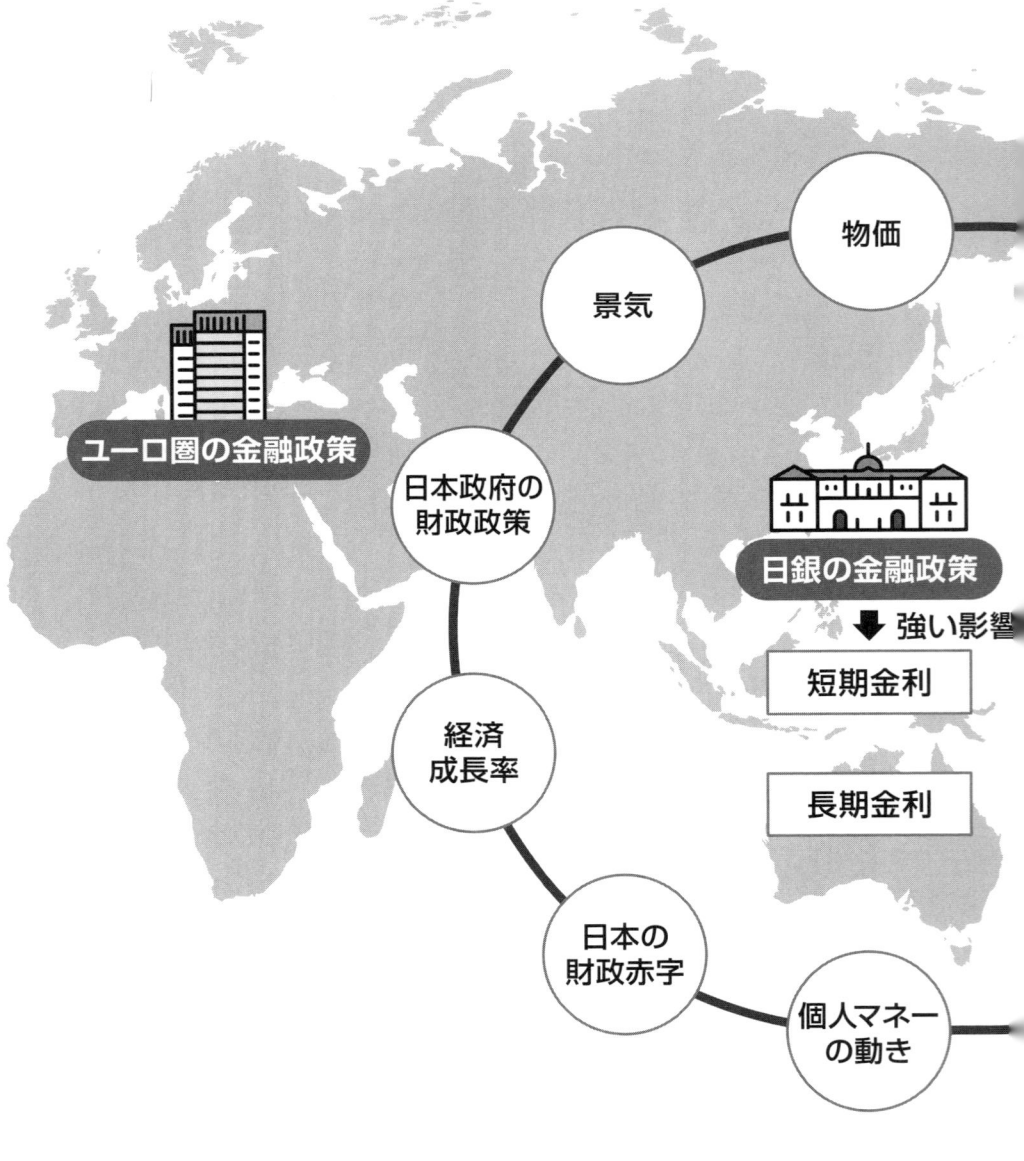

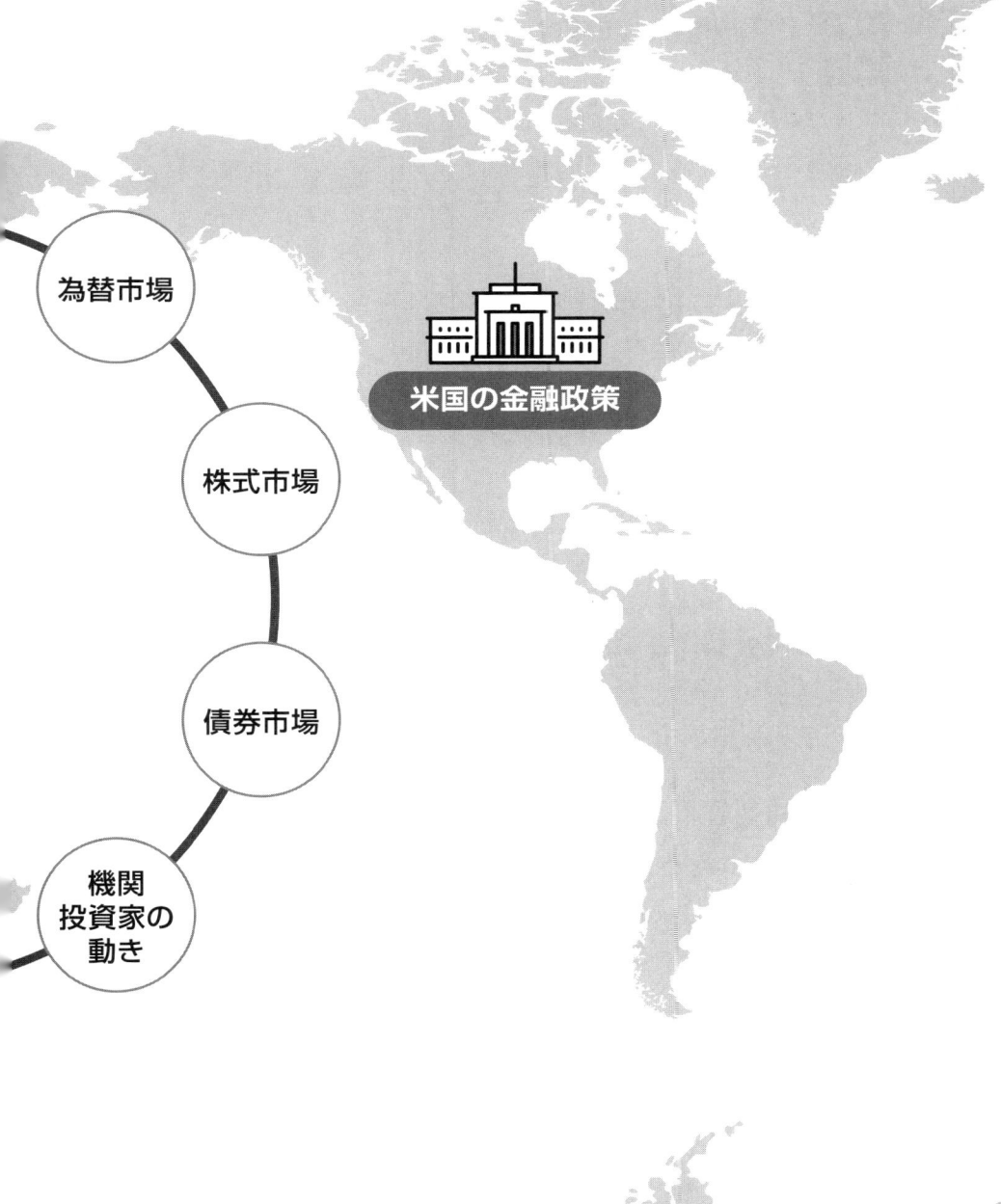

No.1エコノミストが書いた　世界一わかりやすい金利の本

目次

はじめに..002

Part 1　金利は私たちにとって最も身近な経済ルール

01　金利ってそもそも何だろう？..................................020
金利はお金の貸借料
貸借のしくみは1200年前からあった
貸借のしくみがあるから高価な買い物ができる

02　金利を表す言葉は4種類ある..................................024
「借りる金利」「貸す金利」に大きく分かれる
金利・利率は％表示、利息・利子は円表示

03　金利を読みこなせるようになろう..........................027
年利、利息の計算方法はとても簡単
月利、日歩とは？
プロの世界は「ベーシスポイント」を使う
優遇金利のカラクリにダマされないようにしよう

04　固定金利と変動金利の特徴を押さえよう............031
固定金利と変動金利の違い
固定金利と変動金利、どちらが得？

05　なぜ預ける金利よりも借りる金利が高い？..........034
銀行の儲けは貸出金利と預金金利の差額分
借入・預入期間が長くなるほど金利が高くなる

06　金利の変動は個人にどんな影響を与える？..........037
上がると住宅ローン利用者は困る
上がると得するのは変動金利型商品
下がると年金生活者は困る

07　金利の変動は企業にどんな影響を与える？..........042
企業はなぜ金利を払ってまで借りる？
上がると利払い負担が増えて企業が苦しむ
借入金依存度が低い企業ほど健全性が高い
下がると企業の設備投資が活発になる
下がると企業が社債を発行するメリットが出てくる

08　金利に詳しくなると得をする..................049
住宅ローン選び、お金の運用が上手になる
経済を先読みできるようになる
金融詐欺に遭うリスクが減る

Part 2　金利を決める金融市場の基本的なしくみを理解しよう

01　金融市場で貸し手と借り手がお金を融通し合う.....054
金利水準は金融市場で決まる

02　金融市場は取引期間の長さで2つに分かれる......056
短期金融市場と長期金融市場がある

03　短期金融市場①
金融機関が参加するインターバンク市場..............058
短期金融市場は2つの市場がある
コール市場の中心は「無担保コール翌日物」
ダイレクトディーリングと短資会社経由の取引がある

04　短期金融市場②
金融機関以外も参加するオープン市場..................063
オープン市場の5つの主な取引

05　短期金利の代表的な指標は？.................................066
ＴＩＢＯＲは銀行どうしの期間別の平均貸出金利
ユーロ円ＴＩＢＯＲは海外の円資金取引の平均貸出金利
ＬＩＢＯＲは国際的な短期金利の指標

06　短期金利の決まり方..070
日銀は資金介入で市場金利を誘導

07　1年超の取引が行われる長期金融市場..................072
長期金融市場＝債券市場
国債は債券取引の主役
長期金利の指標は「新発10年物国債」の利回り
債券の価格と流通利回りは正反対の関係にある

08　長期金利の決まり方..080
長期金利は将来の経済予想に左右される

09　戦後の日本の金利の歴史を大づかみする............083
規制金利でどの銀行の金利も同じだった
1994年にはすべての預金金利が自由化
旧公定歩合はコール市場の上限金利の役目を果たす

Part 3　金融市場と市場金利の動向を詳しくみてみよう

01　短期金利の動向を読む..............................088
無担保コール翌日物金利は日本経済を反映している
ＴＩＢＯＲの変動は個人にも関わってくる

02　長期金利の動向を読む..............................092
信用リスクが最も低い貸出先は国

03　長短の期間別利回りを結ぶと金利の方向感がわかる......094
時々の状況で形が変わるイールドカーブ
短期よりも長期の利回りが低いときもある
バブル崩壊後の日本で起きた逆イールド現象
ギリシャ危機で逆イールド現象が発生

04　金利・債券の先物取引から金利動向を読む..........100
先物取引とは将来の価格を現時点で取引するもの
金利先物取引のしくみ
債券先物取引のしくみ
金利・債券先物取引は私たちにも役立つ

05　金利を対象とする金利オプション取引 106
オプションとは売買する権利のこと
身近な金融商品に使われるキャップとフロア

06　金利スワップから金利動向を読む 108
固定金利と変動金利を交換して有利な取引をする
OISから日銀の金融政策の動きを読む

Part 4　経済が金利を動かすしくみを理解しよう

01　需要と供給のバランスが金利を決める 112
お金の需給バランスで動くのが基本
為替レートよりもコントロールされている

02　景気の良し悪しでどう変わる？ 114
金利は景気循環に大きく左右される
金利は景気を落ち着かせる力がある
長期金利は経済成長率と連動している

03　物価の上昇、下落はどう影響してくる？ 119
物価が上昇すると金利が上がる
金利の本当の価値は実質金利で考えよう
物価が上がっている場合はどうなる？
物価上昇率がマイナスの場合はどうなる？
物価上昇率はマイナス、預金金利はプラスの理由
物価上昇時は預金金利も連動して上昇する

04　金融政策はどう作用する? 127
日銀の利下げ・利上げはとても重要
資金供給オペと資金吸収オペで金利を調節する
公定歩合の性格は正反対になった
日銀当座預金に「死に金」が積み上がっている
1991年以降、預金準備率操作は行われていない

05　財政政策でどのように動く? 134
財政政策の拡張・緊縮と長期金利の関係
財政政策が拡張方向で運営された場合は?
財政政策が緊縮方向で運営された場合は?

06　為替相場の変動はどう作用する? 137
為替相場は日々変動している
為替相場が物価を動かし、金利に影響を与える
金利が為替相場に与える影響は?

07　株式相場が上昇・下落するとどうなる? 141
株価と金利は相関関係にある

08　米国の金融政策が日本の金利を動かす 144
各国経済は米国を中心につながっている
米国が主導して協調利下げが行われた
今後のFRBの出方で世界経済が変わる

09　信用度合いで金利が変わってくる 147
信用度が低いとリスクプレミアムが高くなる
期間や流動性でリスクプレミアムが変わる

10　格付け機関の評価で変わってくる 150
債券のデフォルト・リスクを格付けでみる
格付け機関の評価は絶対的なものではない
格付けで発行体の資金調達コストが変わる

Part 5　金利を動かすプレーヤーたち

01　日本銀行が金利を動かす 158
「金融政策決定会合」で金融政策の方針が決まる
景気を回復させようとした金融政策とその結果

02　政府の国債発行が金利を動かす 165
大幅に足りない税収を国債発行で穴埋めしている
新規国債のほとんどは「市中消化」で買われている
日銀は国債満期到来額の範囲内しか買えない

03　巨額の取引で相場を動かす機関投資家 170
債券市場は日本最大の金融市場
海外の投機筋が仕掛ける売買で相場が大きく動く
日本国債の先物取引のシェア1位は海外投資家

04　大きな影響力をもつ企業の資金需要と銀行の融資 173
日本企業の資金需要は低調が続く
企業の資金需要と銀行の貸出金利は表裏一体
銀行の健全性も金利に影響を与える

05　個人の資産運用の動向がとても重要 177
個人は銀行にとって重要な資金供給者
金融資産の行き先が金利に影響を及ぼす

Part 6　世界の中央銀行と政策金利をみてみよう

01　米国ＦＲＢは世界経済に大きな影響を及ぼす 182
中枢のＦＲＢと12の地区連銀で構成される
金融危機でＦＲＢがとった政策
政策金利はフェデラルファンドレート
ドルペッグ制の国はより大きな影響を受ける

02　ユーロ圏の金融政策を一手に担うＥＣＢ 189
ＥＣＢは物価の安定を何よりも重視
南と北のバランスをとって総裁選出
金利変動を一定の範囲内に収める
ユーロ圏を1つの金融政策でまとめるのは難しい

03　英国のＢＯＥは独自の金融政策を行う 195
政策目標はインフレ率

04　永世中立国スイスの金融政策を担うＳＮＢ 197
政策金利は四半期に一度公表される

05　カナダの金利を動かすＢＯＣ 199
政策金利は米国との金利差が関係してくる

06　オーストラリアのRBAとニュージーランドのRBNZ 201
いち早く利上げに動いたオーストラリア
高金利のイメージが強いニュージーランド

07　BRICsの金利を動かす4つの中央銀行 204
景気回復から利上げに転じたブラジル中央銀行
利下げでルーブル高を抑制するロシア連邦中央銀行
卸売物価指数を重視するインド準備銀行
独立性が弱い中国人民銀行

Part 7　金利動向を読み解く考え方とテクニック

01　プロは金利動向をどのように予測している？ 210
3つのステップで予測シナリオを構築する
名目GDPをみれば長期金利の動向を読める

02　日銀の金融政策の方向性を読む判断資料は？ 214
金融政策決定会合の結果と年4回の経済見通しに注目

03　金利動向を読むために注目する日本の経済指標 216
5つの経済指標から経済と金利の動向を判断できる

04　日本の金利が欧米よりも低いのはなぜ？ 220
米国・ドイツと比べて日本の長期金利は低水準
現在の低金利は日本経済の実態を反映している

05　「悪い金利上昇」が起こると経済はどうなる？....222
景気上昇をともなうのが「良い金利上昇」
景気以外の要因で上がるのが「悪い金利上昇」

06　日本経済の「トリプル安」が続く危険性はどのくらい？...225
株・円・債券すべての価値が下がる「トリプル安」
個人投資家の将来の行動が鍵を握る

07　米国債の暴落説は信用できる？............................228
あいまいな「暴落」の定義
米国債相場の下落はあっても一時的でしかない
米国債に代わる金融資産は見当たらない

08　日本国債の暴落説は信用できる？.........................231
国債暴落を招く2つのシナリオ
10年後の2020年頃、「国債暴落」の確率が跳ね上がる

09　内外金利差が注目されてキャリー取引が行われる......235
低金利通貨で調達し、高金利通貨で運用する
キャリー取引にひそむ大きなリスク

10　国内、海外の要人発言はこう読め！......................238
発言者の立場に立って考えてみるクセをつける
話の結論部分だけに注目すると判断を誤りやすい
「ポジショントーク」と「ヘッジをかける」

Part 8 投資の金利・利回りに強くなろう

01 はじめに単利計算の方法を覚えよう 244
単利計算のやり方
期間が1年に満たない単利計算

02 複利計算の方法を覚えよう 246
元本と一定の期間内に生じた利息の合計額に利息がつく
6カ月複利よりも3カ月複利が得

03 課税繰り延べの金融商品は有利 248
金融商品の利息には20%の税金がかかる
運用期間が長くなるほど差が広がる

04 外貨預金の利回りは為替に注意する 250
外貨預金は円安による為替差益が重要

05 債券投資には3つの利回りがある 252
「応募者利回り」は新発債を満期まで所有した利回り
「最終利回り」は既発債を満期まで所有した利回り
「所有期間利回り」は既発債を満期前に売却した利回り

06 2つの収益から投資信託の利回りを求める 255
投資信託の収益性を計る総合利回り

07 アパート・マンション投資の2つの利回り 257
物件の収益力をざっとつかめる「表面利回り」

正確な収益力は「実質利回り」で判断する

Part 9　借りる金利・利回りに強くなろう

01　ローンの返済方法①元金均等償還方式 260
元金の返済額が毎回同じ返済方法

02　ローンの返済方法②元利均等償還方式 262
返済額は毎回一定だが、元金と利息の比率が変わる

03　ローンの返済方法③アドオン方式 264
最後まで当初の借入元本で利息を計算

04　住宅ローン金利の種類と選び方 265
変動金利型のしくみとルール
3種類の固定金利型住宅ローン

05　金利負担を減らせる住宅ローンの一部繰り上げ返済 ...267
「返済額軽減型」と「期間短縮型」がある

06　支払利息を減らす住宅ローンの借り換え 269
金利差1％以上が目安

カバー・本文イラスト：神林美生
カバー・本文デザイン：吉村朋子
写真：石井和広

・本書のデータは、本文中に断りがない場合、2010年6月12日時点のものです。
・ドルの金額をカッコ内で円換算している場合は、1ドル＝90円で算出しています。

Part 1

金利は私たちにとって最も身近な経済ルール

01 金利ってそもそも何だろう?

金利は、経済が活発に動いていくために、なくてはならない大切なしくみ。

→ 金利はお金の貸借料

「金利」とは、簡単にいってしまうと、「お金の貸借料」のことです。

私たちは、「お金」そのものを、商品やサービスを売り買いするための決済手段として使っています。

ところが、手持ちのお金が足りない場合、他人からお金を借りることがあります。お金を返す際には、お金を貸してくれたお礼として、金利という貸借料を上乗せして支払います。

つまり、私たちが借りたお金には、金利という貸借料がついたのだと理解してください。

もう少し経済学的ないい方をすると、金利とは、お金が余っている経済主体(企業や家計などの経済活動の担い手のこと)から、お金が足りない経済主体が、お金を借りたときに支払う「お金の貸借料」のことです。

→ 貸借のしくみは1200年前からあった

「あるモノを借りたときは、約束した返済日に、借りたモノに貸借料を上乗せして返す」という貸借のしくみは、8世紀ごろの古代日

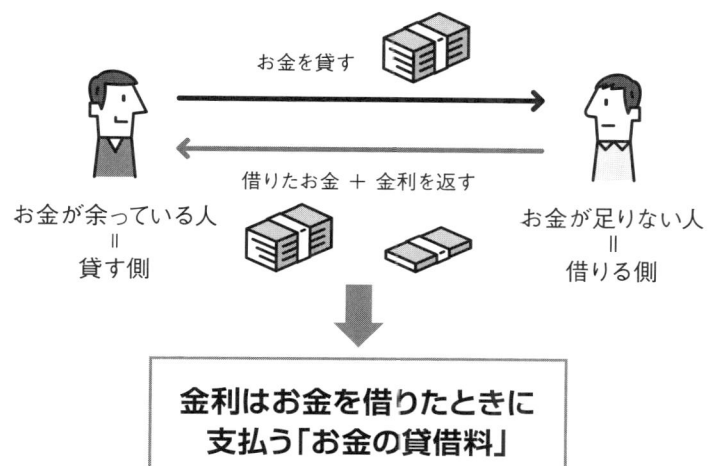

本にすでにあったようです。

それは「出挙(すいこ)」という制度です。国や裕福な人は、春に農民に稲を貸しつけ、秋の収穫期に貸借料を上乗せして返済させていました。

当時の日本は、農業が生活の中心でした。農作物の生産に欠かせない稲や種をもっていなければ、他人から借りるしかありません。そこで貧しい農民は、稲や種をたくさんもっている国や裕福な人から、必要な量を借りていたのです。

当時は、稲や種自体がとても価値あるもので、貸す側からすれば、タダで貸すというわけにはいきません。そこで、「少し上乗せして返すなら、貸してもいい」ということになりました。この上乗せぶんが稲や種の貸借料です。

稲や種を貸して貸借料を得る、貸借料を払って必要な稲や種を手に入れる。双方にメリットがある貸借のしくみによって、社会が動

いていたのです。

　現代社会でも基本的な貸借のしくみは同じ。お金をたくさんもっている人が不足している人に貸し、借りた人はいくらかの貸借料を上乗せして返す。その貸借料が「金利」なのです。

➡ 貸借のしくみがあるから高価な買い物ができる

　住宅ローンを例に、貸借のしくみを考えてみましょう。
「いつか一戸建ての家に住みたい」と思っていた田中さん夫妻。結婚後10年間、がんばったかいあって住宅購入資金1000万円を貯め、物件探しを始めました。
　そして目をつけたのが、スター不動産が売り出し中の3500万円の一戸建て。でも、貯金1000万円では購入資金が足りません。そこで、田中さん夫婦は、不足分2500万円を青山銀行の住宅ローンで借りることにしました。
　条件は返済期間25年、金利3％で、月々の返済額は約12万円。「月々約12万円を25年間支払う」（総支払額3556万5749円）ということです。金利（貸借料）は、以下のようになります。

3556万5749円－2500万円＝1056万5749円

　田中さん夫妻は、無事にローン審査に通り、念願のマイホームを手に入れることができました。
　この金利を高すぎると思うかどうかは人それぞれですが、もし金利を払ってお金を借りるしくみ（ローン）がなかったら、あと25年間、マイホームに住むことはできなかったのです。

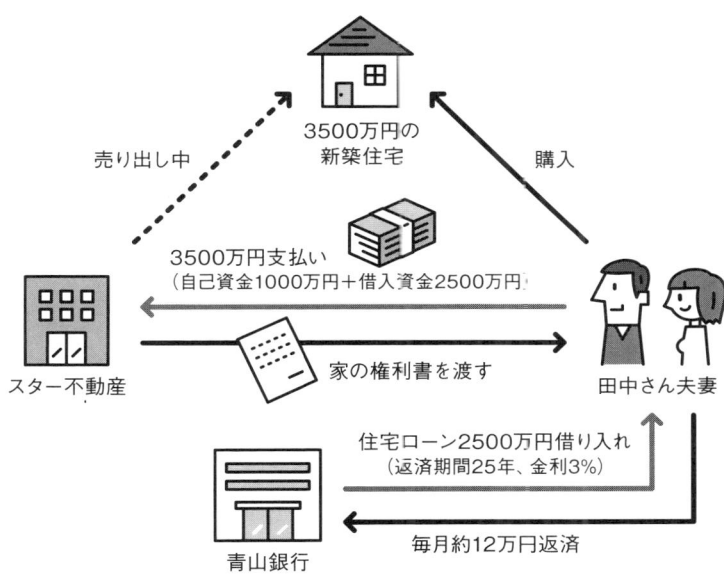

　個人も企業も、何らかの目的を達成するためにお金が必要なとき、銀行からお金を借りることができます。銀行は、貸したお金の金利を受け取って利益を得て、企業活動を行っています。

　お金を借りるという手段があるからこそ、私たち個人は、高価なモノやサービスを手に入れて、豊かな生活を送ることができます。そして企業は、モノやサービスを提供し、その利益で経営を維持、発展させていくことができます。

　つまり、**経済を活性化させているのは金利のしくみなのです**。金利は私たちの生活に欠かせない最も身近な経済ルールであり、誰もがぜひ知っておくべき重要な知識であるといえます。

02 金利を表す言葉は4種類ある

金利のほかに、利率、利息、利子という言葉がある。どう使い分けられている？

→ 「借りる金利」「貸す金利」に大きく分かれる

　世の中には実にさまざまな金利がありますが、以下の2つに大きく分かれます。

①お金を借りて支払う金利

　身近なものは、住宅ローンやカードローンなどの金利です。

　私たちがお金を借りるときに支払う金利は、「○％」と表示されます。○％とは貸借料のことで、「元金」に対する割合です。

　ここで元金と「元本」の違いを覚えておきましょう。

- 元金→借りた金額
- 元本→投資した金額

　たとえば、銀行からローンで1000万円（元金）を借り、1年間の貸借料が10万円とすると、金利は以下のようになります。

10万円÷1000万円×100＝金利1％

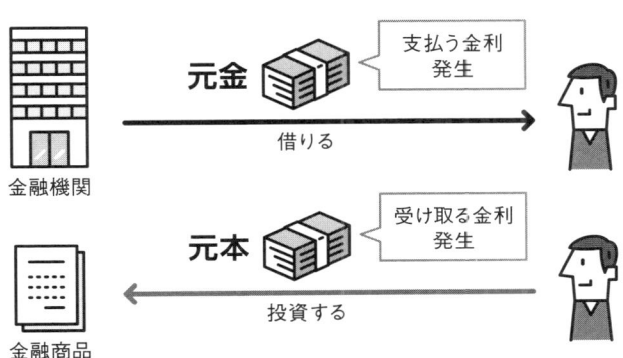

②お金を貸して（預けて）受け取る金利

　身近なものでは、普通預金や定期預金などの金利です。

　私たちが銀行にお金を預けるということは、銀行にお金を貸しているのと同じと考えてください。

　たとえば、金利1％の定期預金（預入期間1年）に100万円を預けたとすると、銀行が預金者に支払う貸借料は、

100万円×0.01（金利1％）＝1万円

となり、私たちは1年後の満期に101万円（100万円＋1万円）を受け取ります（税金考慮せず。以下同じ）。

➡ 金利・利率は％表示、利息・利子は円表示

　銀行などでパンフレットをみていると、金利のほかに、「利率」「利息」「利子」という金利と同じような意味の言葉が出てきます。これらは使われ方に違いがあります。

金融商品の説明や新聞の経済記事の内容をきちんと理解するためにも、ここで違いを覚えておきましょう。

①金利と利率

お金の貸し借りに適用される貸借料で、**元金や元本に対する割合（％表示）のこと**。意味は同じですが、使われ方が違います。

金利は、「市場金利が上昇した」「米国の金利が下がった」というように、マクロ経済（国全体の経済）の観点から表現するときにも使われますが、利率はこうした使い方はしません。

利率は、「定期預金の利率が1％」のように、主に金融商品の収益率（投資金額に対して得られる利益の割合）を表すときに使われます。

②利息と利子

元本に対する金利（利率）で算出される金額のこと。たとえば、「定期預金の利息が1万円ついた」のように使います。

意味は同じですが、預金の場合は**利息**、債券（お金を借りるために発行する証書）の場合は**利子**を使うのが一般的です。

ところで、銀行の店頭にある定期預金の金利（利率）を預入期間ごとに並べたボードは、なぜ金利表示になっているのでしょうか。

理由は簡単で、利息の金額は元本によって変わってしまうからです。たとえば、定期預金（預入期間1年）の金利が3％の場合、1年後に受け取れる利息は、100万円預けた人は3万円、800万円預けた人は24万円と、元本の額で違ってきます。

そこで、来店したお客様が「これだけ預ければこれだけの利息がつく」と、自分で計算できる金利表示になっているわけです。

03 金利を読みこなせるようになろう

金融商品の金利表示の基本は、1年間の利息の割合である年利。お金の運用に強くなるためにも必須の知識。

→ 年利、利息の計算方法はとても簡単

　利息を計算するときのもととなる金利の表示は通常、「**年利**」です。年利とは、元本に対する1年間の利息の割合（%表示）で、以下の計算式で求めます。

利息÷元本÷期間（年）×100＝年利（%）

　たとえば、100万円を定期預金に預けて1年後に3万円の利息がついたとすると、年利は、

3万円÷100万円÷1（年）×100＝3%

　次に、何年間預けたら、いくらの利息がつくかは、以下の計算式で求めます。

元本×年利×預入期間＝利息（円）

それでは、100万円を年利3%で預けた場合、預入期間ごとに利息がいくらになるかを計算してみましょう。

・1年間預けた場合

利息＝100万円×3%×1年＝3万円

・3年間預けた場合

利息＝100万円×3%×3年＝9万円

　月単位なら、預入期間＝「**預入月数÷12カ月**」で計算します。

・3カ月間預けた場合

利息＝100万円×3%×（3カ月÷12カ月）＝7500円

　日単位なら、預入期間＝「**預入日数÷365日**」で計算します。

・130日間預けた場合

利息＝100万円×3%×（130日÷365日）＝1万685円

→ 月利、日歩とは？

「月利」「日歩」という表示方法もあります。年利ほど使われていませんが、金利の基礎知識なので覚えておきましょう。

①月利

　1カ月間につく金利のことで、%表示します。たとえば、月利0.5%で元本100万円を運用した場合、1カ月あたりの利息は、

100万円×0.5%＝5000円

　月利は、12倍すると年利になります。つまり、月利0.5%は、年利に換算すると6%（0.5%×12カ月）となるわけです。

②日歩

　1日あたりの利息で、100円に対して1日いくらの利息がつくかを表します。単位は「○銭○厘○毛」です。たとえば、「日歩1銭」は0.01％（1銭÷100円）。日歩1銭で1万円を借りると、1日あたりの利息は、

1万円×0.01％＝1円

　日歩は、365倍すると年利になります。つまり、日歩0.01％は、年利に換算すると3.65％（0.01％×365日）となるわけです。

▶ プロの世界は「ベーシスポイント」を使う

　金利を表示する単位は通常、パーセント（％）を使いますが、金融市場のプロは、「ベーシスポイント（ベーシス）」をよく使います。記号は「bp」「bps」と書き、**1ベーシスポイント＝0.01％**です。

　市場での金利変動は普通、何％単位での大きな動きではなく、短期金融市場（→P58）では0.01％単位、長期金融市場（債券市場）（→P72）では0.005％単位の小さな変動です。いちいち％表示では面倒なので、ベーシスポイントで金利を表すのです。

　「今日は金利が15ベーシス上がった」というのは、金利が0.15％上がったという意味、「2.5ベーシス下がった」というのは、0.025％下がったという意味です。

▶ 優遇金利のカラクリにダマされないようにしよう

　現在、預金やローンなど金融商品の金利は、基本的に年利で表示されます。預入期間が1カ月、3カ月、6カ月など1年未満の定期預

金の場合でも、金利は年利で表示されています。

　ボーナス時期になると、銀行はどこも金利優遇キャンペーンを張って預金を集めようとしますが、一部のパンフレットにみられる年利のみせ方の"マジック"には注意が必要です。

　たとえば、2009年夏に、ある銀行が「米ドル定期預金、年6％」と大々的にキャンペーンを打ち出していました。「年6％」という数字をみて、「これはスゴイ。100万円預けたら1年で6万円の利息がつく」と思った人も少なくないでしょう。

　でも、よくみると「1カ月物（預入期間1カ月のこと）」とただし書きがありました。つまり、この高金利は最初の1カ月間だけ。後は、通常の金利水準に戻ってしまうという意味なのです。

　1万ドル（約90万円）を預けて1カ月後に受け取れる利息は以下の通り（税金、為替手数料考慮せず。以下同じ）。

$$1万ドル \times 6\% \times \frac{1}{12}カ月 = 50ドル（約4500円）$$

　その後は、通常の米ドル定期預金（預入期間1カ月）の金利が適用されます。当時（2009年夏）の金利水準は0.02％なので、1カ月後に受け取れる利息は以下のようになり、おいしくないですね。

$$1万ドル \times 0.02\% \times \frac{1}{12}カ月 = 0.166ドル（約14.9円）$$

　「年6％」という数字だけにひかれて米ドル定期預金を申し込み、後から「何だかうまくダマされた」と思った人もいるかもしれません。でも、金利の基礎知識があれば、パンフレットをみただけで、実際にはどういう預金商品なのか気づいていたはずです。

04 固定金利と変動金利の特徴を押さえよう

固定金利は金利が最初から最後まで変わらない。変動金利は金利が一定期間ごとに変わる。

→ 固定金利と変動金利の違い

　住宅ローンを借りるとき、「固定金利」と「変動金利」のどちらにすればいいのか頭を悩ませる人も多いでしょう。どちらを選ぶかで総返済額が大きく変わってくるからです。

　お金を運用する金融商品も、固定金利か変動金利かで運用成果が大きく左右されます。

　つまり、固定金利と変動金利の意味をよく知っておくことが、とても大事なのです。

①固定金利

　金利は最初から最後まで固定され、まったく変わりません。代表的な金融商品は、定期預金、個人向け国債（5年物）などです。

　たとえば、定期預金（預入期間5年・金利固定）に最初に預けたときの金利が3％とします。すると、3％は満期になる5年後まで変わることなく、ずっと同じです。

②変動金利

　一定期間ごとに金利が見直されます。代表的な金融商品は、変動

金利定期預金、個人向け国債（10年物）などです。

　たとえば、定期預金（預入期間5年・6カ月ごとに金利見直し）に預けるとします。

　最初に預けたときの金利は3％とします。

　その後、世の中の金利が上がれば、半年後に定期預金の金利も上がって4％になっているかもしれません。

　逆に、世の中の金利が下がれば、半年後に定期預金の金利も下がって、2％になっているかもしれません。

　このように、変動金利型の金融商品とは、世の中の金利の変化に合わせて、金利が見直されます。

→ 固定金利と変動金利、どちらが得？

　では、固定金利と変動金利のどちらを選べば得でしょうか。それは、世の中の金利がどう動くかによって変わってきます。

①今後、金利上昇が見込まれる場合

　金融商品を買うなら変動金利が有利です。世の中の金利が上がれば、変動金利型金融商品の金利も上がるからです。逆に固定金利の金融商品は、金利上昇のうまみを受けられないので損です。

　住宅ローンを借りるなら、固定金利が有利です。世の中の金利が上がっても、低い借入金利のまま固定されるからです。逆に変動金利のローンは、金利上昇にともなって返済金額が増えてしまうので損です。

②今後、金利低下が見込まれる場合

　金融商品を買うなら固定金利が有利です。世の中の金利が下がっても、固定金利型金融商品は高い金利のまま固定されるからです。

固定金利と変動金利の選び方

❶ 今後、金利が上がりそうなとき

金融商品

固定金利 → 不利
変動金利 → 有利

住宅ローン

固定金利 → 有利
変動金利 → 不利

❷ 今後、金利が下がりそうなとき

金融商品

固定金利 → 有利
変動金利 → 不利

住宅ローン

固定金利 → 不利
変動金利 → 有利

逆に変動金利の金融商品は、金利低下にともなって低い金利になって利息が減るので損です。

　住宅ローンを借りるなら、変動金利が有利です。世の中の金利が下がれば、借入金利も下がるからです。逆に固定金利のローンは、金利が下がっているにもかかわらず、高い金利を払い続けるので損です。

なぜ預ける金利よりも借りる金利が高い？

預金者に支払う「預金金利」など、資金調達コストに銀行の利益が上乗せされて、企業や個人に貸出す「貸出金利」が決まる。

→ 銀行の儲けは貸出金利と預金金利の差額分

　企業や個人は、余っているお金を銀行に預金として預けます。銀行はその預金を、お金を借りたい企業や個人に貸出しています。

　銀行は、お金を貸したい人と、お金を借りたい人との間を取りもつ役割（**金融仲介機能**）を担っているのです（右の図）。

　銀行は、預金者や金融市場からお金を調達して貸出していますが、その際に支払う金利が、銀行の「**資金調達コスト**」になります。

　銀行は貸出金利を、資金調達コストの金利水準よりも高く設定します。その差額分が「**利ざや**」と呼ばれ、銀行の儲けになるのです。よって、預金金利と貸出金利は常に以下のような関係にあります。

```
預金金利　＜　貸出金利
```

　私たちが銀行からお金を借りるときは、常に預金金利などの資金調達コストに銀行の利益がプラスされた高い金利で借りることになるのです。

　たとえば、年利1％の預金で1億円を集め、企業に年利3％で貸

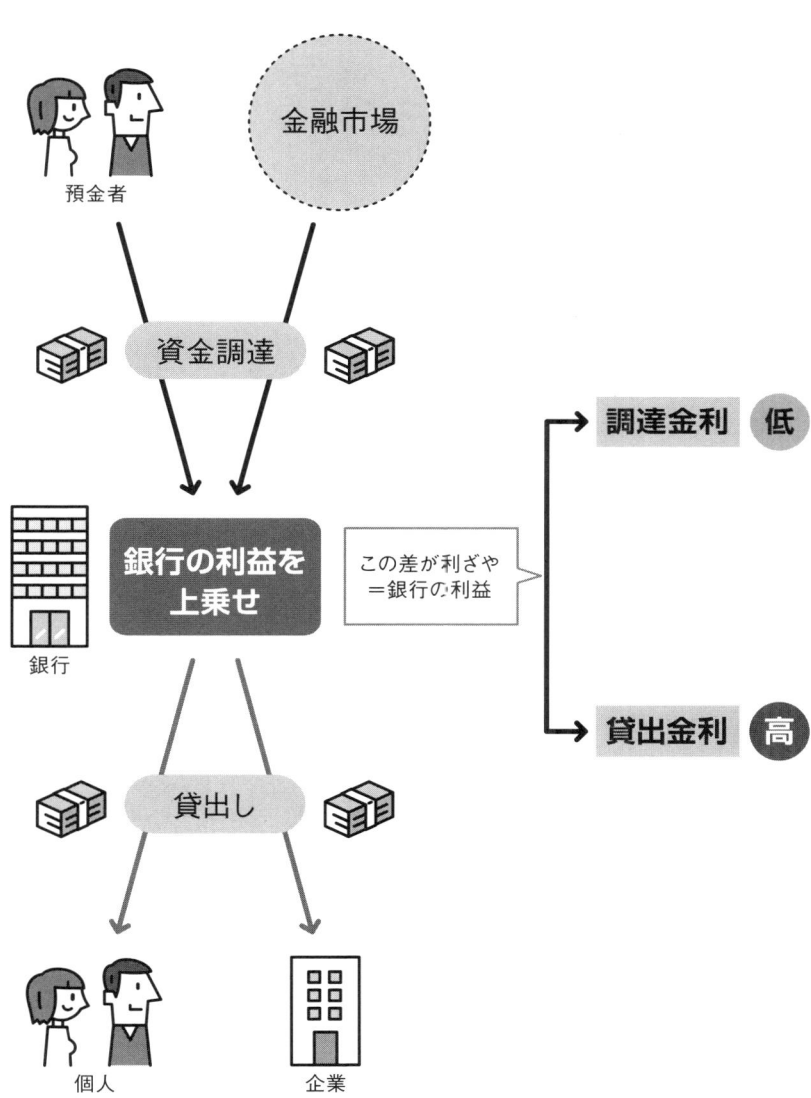

出した場合、銀行が1年間に得る利ざやを考えてみましょう（税金考慮せず）。

・銀行が預金者に支払う金額
1億円×1％×1年＝100万円

・銀行が貸出先から受け取る金額
1億円×3％×1年＝300万円

よって利ざやは、200万円（300万円－100万円）になります。

▶借入・預入期間が長くなるほど金利が高くなる

　金利は、期間の長さで変わってきます。たとえば、1カ月間と10年間では金利はまったく違います。期間で比べた金利の関係は以下のようになります。

・借入期間の短い金利　＜　借入期間の長い金利
・預入期間の短い金利　＜　預入期間の長い金利

　貸出す銀行側からすると、長期にわたってお金を貸すのは何かと不安です。不測の事態が起きて、返済が途絶えるかもしれません。
　そこで返済されない可能性を考えて、借入期間が長くなるほど、金利を高くするのです。金融市場の金利水準も通常、期間が長いほうが高くなっています（イールドカーブ→P94）。
　一方、預ける預金者側からすると、「長期間預けるのだから、その間銀行はお金を長く運用できるはず。だから、預ける期間が長くなるほど金利が高いのは当たり前」と考えるのです。

06 金利の変動は個人にどんな影響を与える?

金利上昇はお金の運用にプラス、低下は住宅ローン利用者など借りる側にプラスとなる。

→ 上がると住宅ローン利用者は困る

まず、金利が上がったケースから考えてみましょう。

銀行の金利が上昇した場合、困るのは住宅ローンの利用者です。

たとえば、あなたが金利3%、返済期間25年で3000万円を借りているとします。この場合、毎月の返済額は約14万2000円(ボーナス時増額なし)ですが、金利が上がると毎月の返済額は以下のように増えていきます(借入金3000万円で試算)。

・**1%上昇して金利4%になると、毎月返済額＝約16万円**
・**2%上昇して金利5%になると、毎月返済額＝約17万5000円**

金利が上がって毎月2～3万円も出費が増えると、家計にとって大きなダメージになります。しわ寄せがきて、「お父さんのお小遣いカット」なんてことにもなりかねません。

ただし、変動金利型は一般的に、金利が上がっても5年間、毎月の返済額が変わりません。それを根拠に、「安心だ」と思う人もいるでしょう。しかし、住宅ローンの内訳をよくみると、毎月の返済

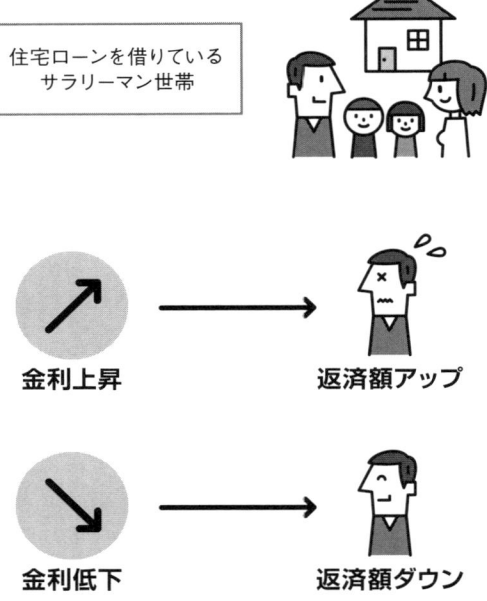

額は変わりませんが、総支払額が大きくなっています。なぜなら、金利が上昇したぶん、利息分の支払額が増えたからです。

→ 上がると得するのは変動金利型商品

　反対に、喜ぶ人もいます。
　金利が上がると、定期的に利率が見直される「変動金利型」の金融商品の利率も上がるので、それを買っている人は得をします。たとえば、定期預金や個人向け国債には、変動金利型があります。
　個人向け国債とは、個人だけが購入できる国債（→P47）のことです。いくつか種類がありますが、償還期間10年・変動金利型（半

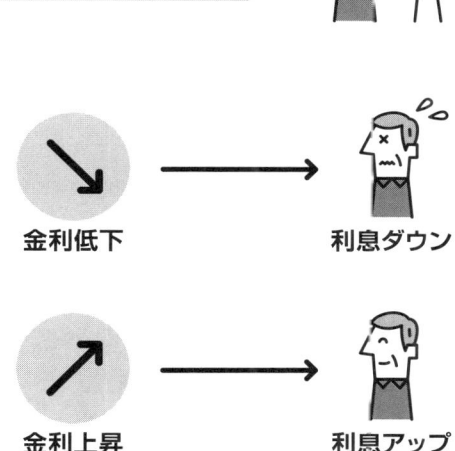

金利変動の影響が大きい年金生活者

退職後、定期的に受け取る年金や預金で生活している老後生活者

金利低下 → 利息ダウン

金利上昇 → 利息アップ

年ごとに利率見直し)のケースで説明しましょう。

　この個人向け国債の利率は、「基準金利(％)－0.8％」で決められます。基準金利は、直前に発行される「10年物利付国債(10年物国債)」につけられた利率です。

　基準金利が2％の場合、個人向け国債の利率は、

2％－0.8％＝1.2％

　ここから金利が上昇して、基準金利が3％になったとします。すると、個人向け国債の利率は2.2％(3％－0.8％)に上がりますね。

→ 下がると年金生活者は困る

では、金利が下がった場合を考えてみましょう。

最も困るのは、退職後、定期的に受け取れる年金に加え、それまでに貯めた預金で暮らしている老後生活者です。金利が下がれば下がるほど、受け取る金利収入が減るからです。

かつて1990年代前半には、定期預金金利が2％以上、10年物国債の利回りが5％近くという、今と比べると非常に高い金利がついていた時期もありました（右の図）。

もっとも、それは日本経済が経済成長力の面でまだ元気で、しかもデフレ（→Ｐ116）に陥っていなかったから高かったのです。

たとえば、退職金などで2000万円の貯蓄があり、定期預金や国債などで5％で運用していたら、年間の収益は、

2000万円×5％＝100万円

１カ月あたりの収入は約8万円です（税金考慮せず。以下同じ）。

また、たとえば会社を定年退職したときに、退職金で利率5％の10年物国債を1000万円購入していたら、老後の10年間で受け取る利子は以下のようになります。

1000万円×5％×10年＝500万円

利子だけで、毎年50万円ずつ受け取れます（１カ月あたりの収入は約4万円）。

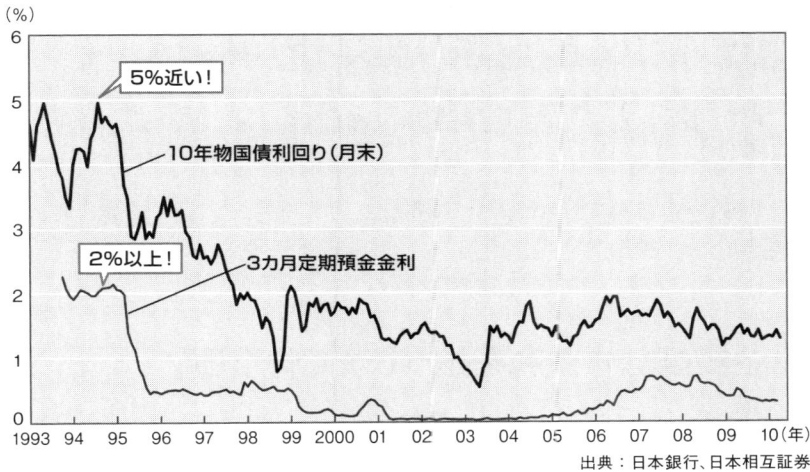

金利が低いと、預金で暮らしている老後生活者は困る

　これなら結構な収入源となり、老後の生活を送る際に、もしインフレ率（物価上昇率）が高くなければ、少しは余裕ができたことでしょう。
　ところが、最近の超低金利では、こうした退職後プランは夢のまた夢。金利収入に頼れず、「預金を取り崩して生活しているけど、この先いったいどうなることやら……」と不安になっている人も多いのではないでしょうか。

　逆に、金利が下がって喜ぶのは住宅ローン利用者です。
　毎月の返済額が少なくなったり、元金がより早く減ったりするので、万々歳です。マイホームの購入を考えているなら、金利が低い現在が1つのチャンスかもしれません。

07 金利の変動は企業にどんな影響を与える？

上がると企業の利払い負担が重くなる。下がると企業の設備投資が活発化し、社債発行も増える。

→ 企業はなぜ金利を払ってまで借りる？

　企業はなぜ、金利を支払ってまで銀行からお金を借りるのでしょうか。その理由は大きく２つあります。

①設備投資資金が必要

　企業は、新規事業の立ち上げや生産能力増強にあたって、工場の建設や機械・ソフトウェアの購入といった「**設備投資**」のため、まとまったお金が必要です。必要資金が手持ちの自己資金で足りなければ、銀行からの借入れなどに頼らざるを得ません。
「お金が貯まってから設備投資をすればいい」と思う人もいるかもしれませんが、ビジネスはスピードが命です。のんびりしていたら、ライバル企業が新製品をいち早く世に送り出し、業界シェアをひとり占めにしてしまう可能性があります。

　そこで多くの企業は、利払い負担が増えても銀行からお金を借りて、設備投資をするほうを選ぶのです。

②運転資金が必要

　設備投資資金に加えて、原材料の仕入れ資金など、経営を続ける

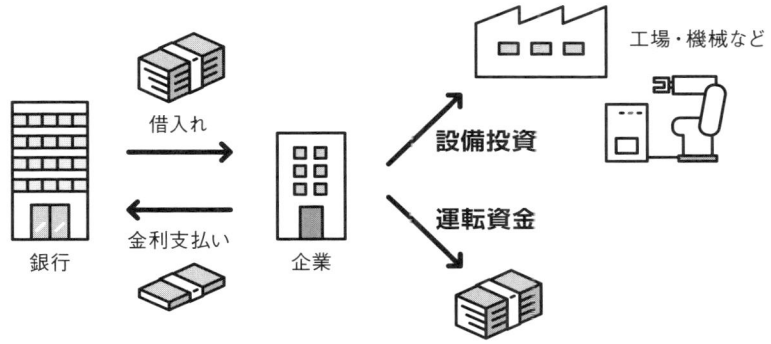

銀行から借りたお金の使い道

ためにはお金、「**運転資金**」が必要です。

そのすべてを手持ちの資金や売上げでまかなえればベストですが、企業はときに、運転資金が足りなくなります。販売不振や取引先の倒産などの理由で、支出が収入を上回ってしまうからです。

また、企業間のビジネスは、製品を納入してから売上代金が入るまでに3カ月程度かかることもあるため、一時的に手元の資金が足りなくなるケースもあります。そんなとき、銀行からの借入れでしのがなければ、生き残っていけないのです。

→ 上がると利払い負担が増えて企業が苦しむ

以上のように、企業は銀行からお金を借りて金利を支払っているので、金利の上下は、企業にさまざまな影響を及ぼします。

まず金利が上昇した場合、「**利払い負担**」（金利支払いの負担）が増えて、企業を苦しめます。

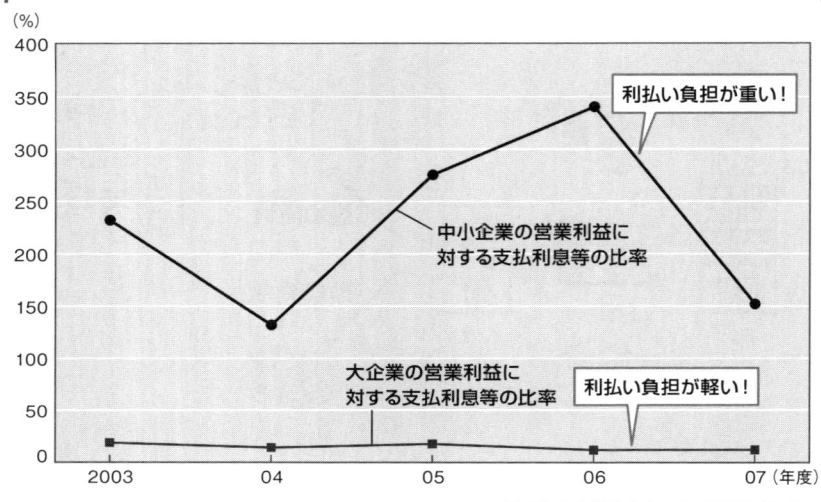

※2008年度は営業赤字なので表示していない
出典：財務省

　企業はお金を借りていれば利息を支払います（**支払利息**）。お金を貸したり投資したりしていれば、利息を受け取ります（**受取利息**）。利払い負担は、「**支払利息－受取利息**」です。

　上の図をみてください。中小企業の利払い負担は重く、大企業は軽いことがわかります。つまり、金利上昇はとくに中小企業を苦しめるのです。大企業の利払い負担が軽い理由は2つあります。

①**株式発行という資金調達手段がある**

　証券取引所に上場していれば、新株を発行して投資家からお金を集め、資本金（自己資金）を増やせます（増資という）。株の発行は、投資家にお金を返す必要がありません。

②**優良企業が多い**

　優良企業は社内に「**内部留保（金）**」というお金をたくさん貯め

ているため、銀行からお金を借りる必要がそう大きくありません。

　銀行借入れや社債（→Ｐ47）発行をいっさいせずに、資本金と内部留保金を使って経営することを「**無借金経営**」といいます。

　実質的に無借金経営の企業は、東京証券取引所第一部で数多くみられ、トヨタ自動車や任天堂、パナソニック、キヤノン、武田薬品工業などが代表的です。

➡ 借入金依存度が低い企業ほど健全性が高い

　企業がどのくらい借金をしているかは、「**借入金依存度**」でわかります。借入金依存度は、以下の計算で出ます。

借入金依存度（％）＝有利子負債÷総資産×100

　有利子負債とは、ざっくりいえば、金利をつけて返す必要がある借金のこと。総資産とは、借金も含めたすべての資産のことです。

　借入金依存度が低いほど、財務の健全性が高いといえます。25％以下が優良企業、50％以上が悪い企業とされます。中小企業の場合は、50％未満が望ましいとされています。しかし実際は、借入金依存度が50％を超える中小企業は珍しくありません。

　46ページの図をみてください。日本国内の銀行は、中小企業向けの貸出しが非常に大きく、4割を超えます。このことからも、中小企業は銀行借入れに大きく依存していることがわかります。

　借入金利が上がると、利払い負担が企業に重くのしかかります。利益という栄養を貯め込んだ大木（優良企業）は耐えられますが、栄養不足の細い木（借入金依存度が高い中小企業）はポキンと折れ

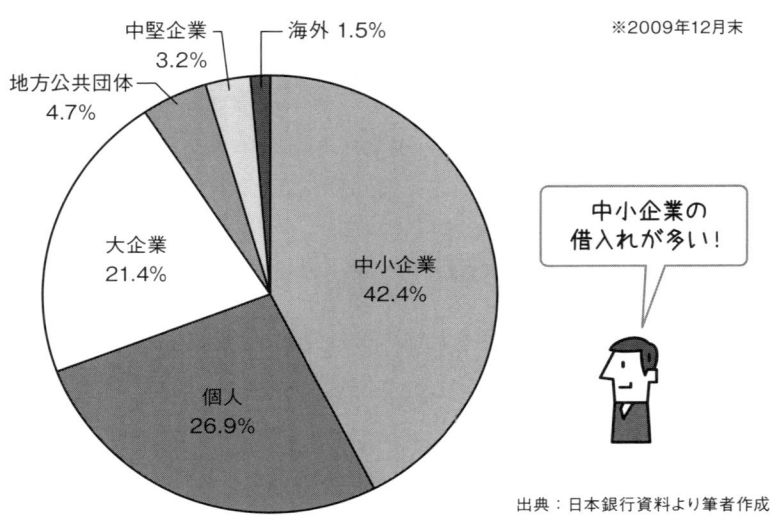

出典：日本銀行資料より筆者作成

てしまうかもしれません。

　企業が借入れを増やしすぎると、金利上昇による利払い負担が増えて、倒産という最悪の事態にもなりかねません。

　それを避けるため、金利が上がると、企業は新たな借入れを控えたり、金利がもっと高くなる前に借入れを返済しようとします。お金のかかる設備投資や新規事業立ち上げには、消極的になります。

→ 下がると企業の設備投資が活発になる

　逆に、金利が下がるとどうなるのでしょうか。企業は利払い負担が軽くなるため、銀行から新たにお金を借りて新規事業や設備投資をどんどん行います。

　また、これまでの高い金利の借入れを、より低い金利の借入れに借り換える動きも出てくるでしょう。

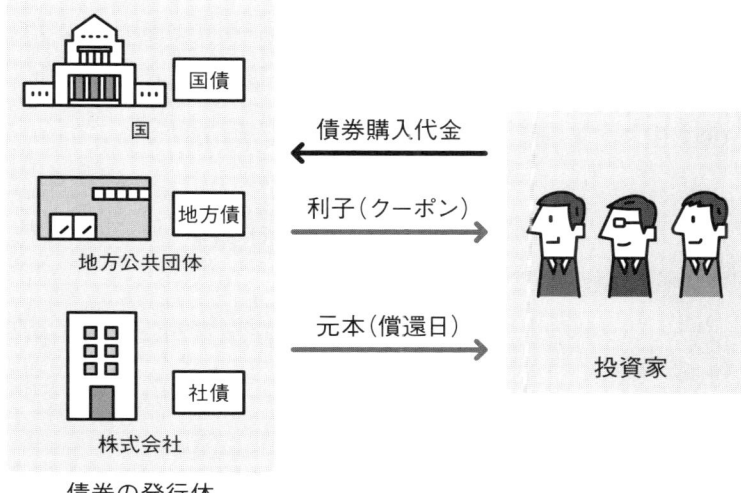

その結果、企業の利益は増えることになります。

　企業も個人もお金を借りている側からすれば、金利が下がるのはとてもありがたい話です。なかでも、利払い負担が重く、金利上昇に弱い中小企業にとって、金利低下はまさに"助け舟"といえます。

⇒下がると企業が社債を発行するメリットが出てくる

　また、金利が下がってくると、「**債券**」を発行して資金調達を行う企業が増えます（上の図）。

　債券とは、国や企業など（**発行体**という）がお金を借りるために、利子（**クーポン**）の支払いや元本の返済をあらかじめ約束して発行する借用証書です。国が発行する債券は「**国債**」、地方公共団体が発行する債券は「**地方債**」、企業が発行する債券は「**社債**」といいます。

債券を購入した人に対し、一般に半年に1回ずつ利子が支払われ、「**償還（満期）日**」がくれば、元本が返済されます。償還日前に売って換金することもできますが、購入価格を下回る可能性もあります。
　発行体が倒産した場合は、利子や元本の返済がストップする「**債務不履行（デフォルト）**」となり、債券保有者は損をします。

　金利が下がると企業が社債を発行する理由は2つあります。
①固定金利で長期間借りられる
　固定金利なら、金利が上がっても償還日までは低い金利のまま借り続けられます。つまり、金利水準が最も下がったときが、企業が債券を発行する絶好のタイミングなのです。

②不況時に銀行から借りにくい場合の資金調達の別ルート
　銀行は不況になると、保有している株の価格下落や企業向け貸出しの焦げ付き増加などから、貸出しに慎重になる傾向があります。すると企業は、銀行から十分に資金を借りられない可能性が出てきます。その場合、大企業は社債で資金調達する選択肢もあります。

　一般に社債を購入するのは銀行や保険会社などですが、資金調達先を広げたいというねらいから、最近では個人のみを対象にした「**個人向け社債**」の発行も増えています。個人向け社債の発行額は、2008年に続いて2009年も1兆円を突破しました。
　売れた理由は、個人向け社債が預金や国債より金利が高く、超低金利で運用先に頭を悩ませている個人にとって、魅力的な運用先に映ったからです。社債の購入者を個人にも広げたい企業と、より有利な運用先を求める個人のニーズがうまくかみ合ったわけです。

08 金利に詳しくなると得をする

金利の知識は、個人の資産運用からビジネス上のチャンス発見やリスク管理まで、さまざまな場面で生きる。

→ 住宅ローン選び、お金の運用が上手になる

　金利のしくみや金利変動の背景がわかれば、日本の景気や金利の動きを予想でき、あなたのビジネスや資産運用において的確な判断が下せるようになります。

　たとえば、32ページで説明したように、住宅ローン、金融商品選びにおいて金利の知識が生きます。住宅ローンの金利支払いを低くおさえられたり、数多い金融商品の中から、自分にとってより有利なものを選ぶことができるようになります。

　とくに、金利に詳しい人とそうでない人の差は、お金の運用成績にしっかり現れます。最初の運用成績は似たり寄ったりでも、10年後、20年後にその差は歴然となるでしょう。

　今は自己責任で資産形成を行う時代です。自分の運用成績を上げるために、金利に強くなることはとても大切です。

→ 経済を先読みできるようになる

　金利の知識は、ビジネスにおいても大いに役立ちます。銀行や証券会社などの金融機関に勤める人、財務・経理を担当する人はもち

ろん、一般のビジネスパーソンにとっても大切です。

　金利の知識を頭に入れておけば、経済・金融分野のニュースの理解度が高まり、社会をみる視野も広がります。

　金利は金融市場（→P55）における資金取引のなかで決まってきますが、そのしくみは単純ではありません。なぜなら、金利は経済を動かすさまざまな要素と密接に結びつき、お互いに影響を与え合っているからです。

　その要素とは、**景気、物価、為替市場、株式市場、日本銀行の金融政策、政府の財政政策**などの現状と将来の見通しです。

　ですから、**市場の金利動向を読み解くことは、今後の日本経済がどうなるかを知ることにもつながってくる**のです。

　つまり、「金利を読む」とは、「経済の先を読む」こととイコールです。ビジネスパーソンにとって、経済の先を読むことは、今や不可欠であると思います。

　金利を通して経済動向を先読みできると、住宅ローン選びや資産運用のみならず、さまざまなシーンで役立ちます。

　たとえば、有望な業種や企業がわかって、取引先の新規開拓や、新規ビジネスの立ち上げに役立ちます。

　また、取引先が金利上昇に弱い業種なら、金利上昇で受注量が減ったり、これまでの支払いが滞る危険性を予測できます。事前に金利上昇リスクに気づいていれば、ビジネスで何らかの対策を打つことができます。

→ 金融詐欺に遭うリスクが減る

　金利を知れば、金融詐欺に遭うリスクを大きく減らせます。

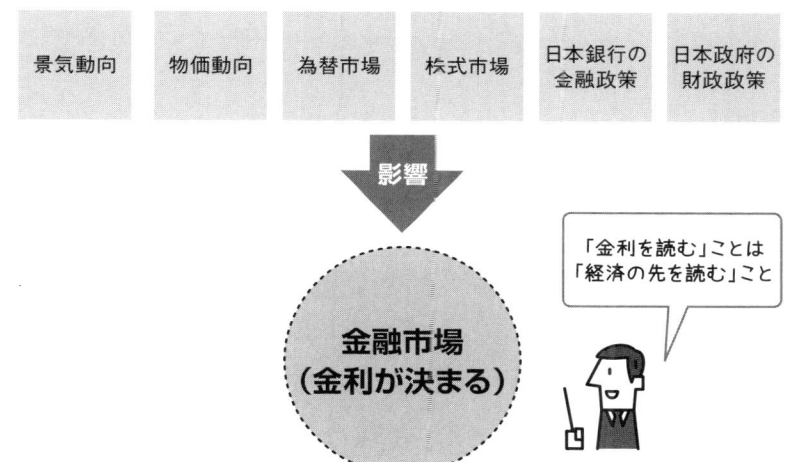

　人は誰しも「お金持ちになりたい」と望みますが、その欲につけ込んで、法外な金利をうたって顧客を騙す金融詐欺が絶えません。

　まだ記憶に新しい円天事件（2009年摘発）は典型的です。これは、健康食品販売会社エル・アンド・ジー（L&G）が、「年36％の高配当」というウソの約束をし、多額のお金を集めた巨額詐欺事件。老後の生活費すべてを失った人もいたそうです。

　金融詐欺に引っかかるのは、金利の無知が原因になっていると思います。年利36％の場合、3000万円を預けた1年間の収益は1080万円（3000万円×36％）。今の時代、たった1年で3000万円が4000万円にもなるなんて、不可能な話です。

　もし、被害者の人たちが金利の知識をもっていたら、「今どき真っ当なことをやって年利36％なんてありえない。この話は危ない」と手を出さなかったはずです。

Part 2

金利を決める金融市場の基本的なしくみを理解しよう

01 金融市場で貸し手と借り手がお金を融通し合う

銀行が金融市場でお金の運用や調達を行うことで、金利が形成される。

→ 金利水準は金融市場で決まる

　大根が安いときはどの店で買っても安く、高いときはどこでも高くなります。1本がスーパーAでは150円、スーパーBでは500円なんてことはまずありません。

　なぜなら、各店が勝手気ままに大根の値段を決めているのではなく、野菜の卸売市場のセリによって価格が形成されているからです。

　つまり、卸売市場で決まった価格で仕入れ、そこにそれぞれの店が利益を上乗せして販売しているため、どこでも同じような値段になるというわけです。

　銀行預金や住宅ローンの金利の決まり方もこれと似ています。

　さまざまな金融商品の金利を比べてみると、多少のバラツキはありますが、どれも似たり寄ったりです。

　たとえば、定期預金（預入期間1年）の金利が、A行0.07％、B行0.1％、C行はキャンペーン中で0.3％とわずかな差はあります。でも、5％、6％といった飛びぬけて高い金利をつける銀行はありません。なぜでしょうか。

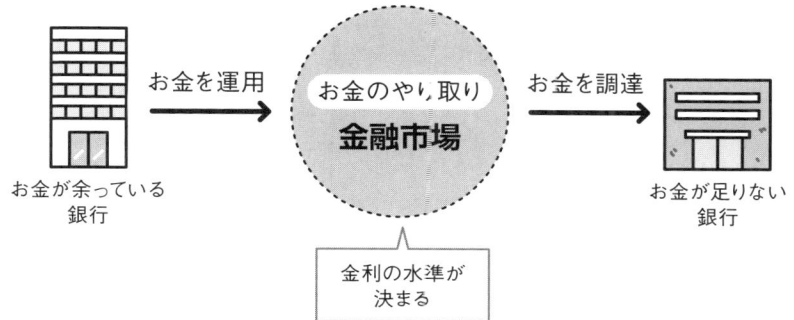

34ページで説明したように、銀行は、預金者や金融市場からお金を調達して、企業や個人に貸出しています。

預金がたくさんあってお金が余っている銀行は、「**金融市場**」で資金運用し、預金が足りなくてお金が不足している銀行は、金融市場で資金調達しています（上の図）。

金融市場とは、簡単にいえば、貸し手と借り手がお金を融通し合う場所です。銀行をはじめとする不特定多数の金融機関が日々、金融市場で自由にお金のやり取りをしているのです。

そして金利の水準は、金融市場における需給バランス（→P112）によって決まってきます。

銀行は、金融市場の金利を基準として銀行の利益を上乗せし、預金や住宅ローンの金利を決めています。したがって、おのずとどこも同じような金利になるのです。

いわば、卸売市場の価格のように、金融市場で金利が形成されているわけです。卸値の安い大根の売り値は安くなり、卸値の高い大根は高くなるのと同じように、預金や住宅ローンの金利は金融市場の金利が上昇すると上がり、低下すると下がります。

02 金融市場は取引期間の長さで2つに分かれる

短期と長期の金融市場をよく理解しておくことが大事。

→ 短期金融市場と長期金融市場がある

　金融市場は、取引期間の長さによって以下の2つに分かれます。

①**短期金融市場（マネーマーケット）**

　1年以下の取引が行われる市場です。期間1年以下の金利を「**短期金利**」といいます。

　短期金利は、借りた翌日に返済する「**翌日物（オーバーナイト物）**」と、それ以外の「**ターム物**」に大きく分かれます。ターム物の代表格は、3カ月後に返済する「**3カ月物**」です。

②**長期金融市場（資本市場）**

　1年超の取引が行われる市場です。期間1年超の金利を「**長期金利**」といいます。

　短期金利と長期金利の動きは、私たちの生活に大きく関わってきます。できるだけチェックしておくべきです。

　たとえば、短期金融市場で日本銀行の利上げ観測が浮上し、金利が強含み（上昇傾向）で推移しているニュースが出たとします。

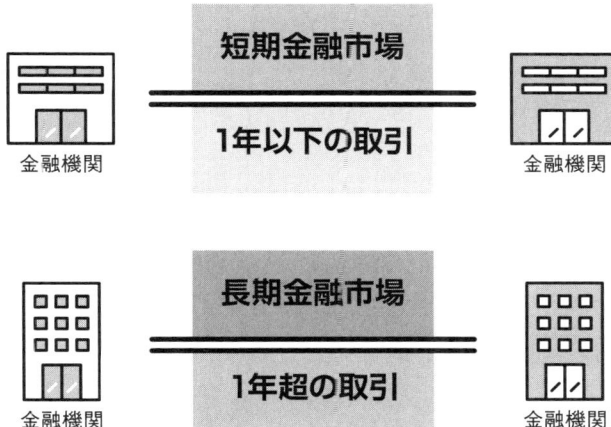

Aさんは、それを知らずに満期まで金利が変わらない定期預金(預入期間3年・金利年1%)に100万円を預けました。

一方、金利チェックを欠かさないBさんは、半年ごとに適用金利が見直される、変動金利定期預金(預入期間3年・金利年0.8%・単利型＝元本にだけ利息がつく)に100万円を預けました。

適用金利が1年ごとに0.5%ずつアップしていった場合、AさんとBさんが受け取る利息は、かなり差がつきます(税金考慮せず)。

①Aさんが受け取る利息

100万円×1%×3年＝3万円

②Bさんが受け取る利息

・1年目→100万円×0.8%＝8000円

・2年目→100万円×1.3%＝1万3000円

・3年目→100万円×1.8%＝1万8000円

・合計→3万9000円

短期金融市場①

金融機関が参加するインターバンク市場

インターバンク市場は、銀行間の資金取引を行うところ。

→ 短期金融市場は2つの市場がある

　1年以下の取引が行われる「**短期金融市場**」には、以下の2つの市場があります（右の図）。

①インターバンク市場

　銀行や証券会社などの金融機関だけが参加できる市場で、金融機関どうしがお金を融通し合います。参加者は銀行のほか、信用金庫、証券会社、保険会社、短資会社（→P62）などです。

②オープン市場

　銀行・証券会社などの金融機関のほか、商社などの大手事業法人、地方自治体などが参加しています。インターバンク市場との大きな違いは、金融機関以外も参加できるということです。参加者の間口が広いので、「オープン」といいます。

　インターバンク市場、オープン市場の取引はどうなっているのでしょうか。実は、「市場」といっても、株取引が行われる東京証券取引所などのように、どこかの建物に取引所があるわけではありま

短期金融市場のしくみ

- インターバンク市場 ─ 取引 ─ 金融機関
- インターバンク市場 ─ 取引 ─ 金融機関
- オープン市場 ─ 取引 ─ 金融機関
- オープン市場 ─ 取引 ─ 金融機関
- オープン市場 ─ 取引 ─ 事業法人・地方自治体

せん。電話や専用端末を使ってお金をやり取りするバーチャル(仮想)市場なのです。それらがつながったネットワーク全体を「市場」と呼んでいるのです。

　取引のしくみも株取引とは異なります。株取引はまず、投資家の大量の売買注文が証券取引所に集中します。証券取引所は、売り注文と買い注文の双方の条件を一致させて、取引を成立させます。

　これに対し短期金融市場は、当事者間で直接取引する「相対取引(あいたい)」です。お金の借り手と貸し手の双方が納得すれば、どんな金利でも取引が成立します。

まず、インターバンク市場について説明します。
　銀行は毎日の業務でお金を預かったり貸出したりしていますが、預かったお金と貸出すお金がちょうど同じ額になることはまずありません。
　預金が多く集まりすぎてお金が余っているか、貸出が多すぎてお金が足りないかのどちらかになります。たとえば、都市銀行は貸出先が多くてお金が不足しがちですが、地方銀行には預金でお金を集めても十分に運用できず、お金が余りがちなところもあります。
　お金が足りなかったら、借りたい人がいても貸すことはできません。逆にお金が余っていたら、何もしないでただ遊ばせておくのはもったいない。他に貸出せば、金利を稼ぐことができます。
　そこで銀行はお互いに、インターバンク市場でお金の貸し借りをするのです。

→ コール市場の中心は「無担保コール翌日物」

　インターバンク市場の中心が「**コール市場**」です。インターバンク市場には、短期の外貨の過不足を調整する「ドル・コール市場」や、事実上消滅した「手形売買市場」もありますが、ここでは中心のコール市場に絞って説明します。
　銀行は営業活動をするなかで、短期的に資金が余ったり足りなくなったりします。コール市場は、銀行が短期的な資金の過不足を調整する場という役割を担っています。「呼べばすぐにお金が戻ってくるほど短期間のお金の貸出しをする」という意味から、「コール」といいます。
　コール市場は、担保を必要とする「**有担保コール市場**」と担保を必要としない「**無担保コール市場**」の２つに分かれます。

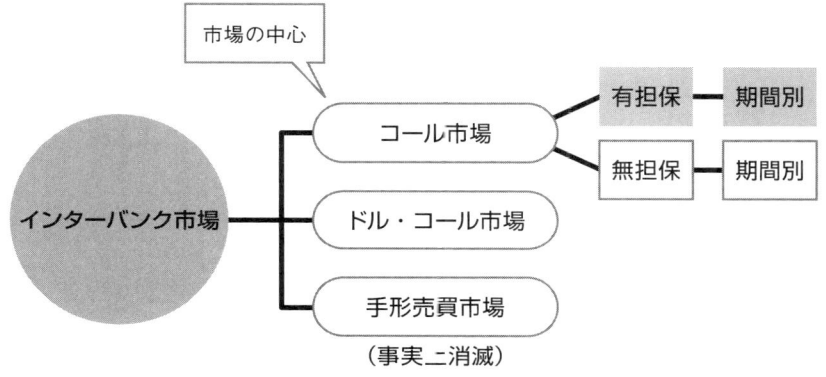

　また期間でも分かれ、借りた当日に返済する「**日中コール取引**」、借りた翌日に返済する「**翌日物（オーバーナイト物）**」、借りた1年後に返済する「**1年物**」など、さまざまな取引があります。
　ちなみに2009年12月現在、コール市場の規模は17兆4371億円（有担保13兆189億円、無担保4兆4182億円）です。

　コール市場の取引の中心は、「**無担保コール翌日物（オーバーナイト物）**」です。無担保でお金を借りて、翌日に返済する取引です。
　取引単位は最低5億円以上で1億円刻みですが、実際は、50億円、100億円といった、とても大きい単位の取引が主流です。
　お金が余っている銀行は、1日だけでも他行に貸出して、金利を稼ぎます。逆にお金の足りない銀行は、その日の資金不足を穴埋めするため、1日だけお金を借りるわけです。

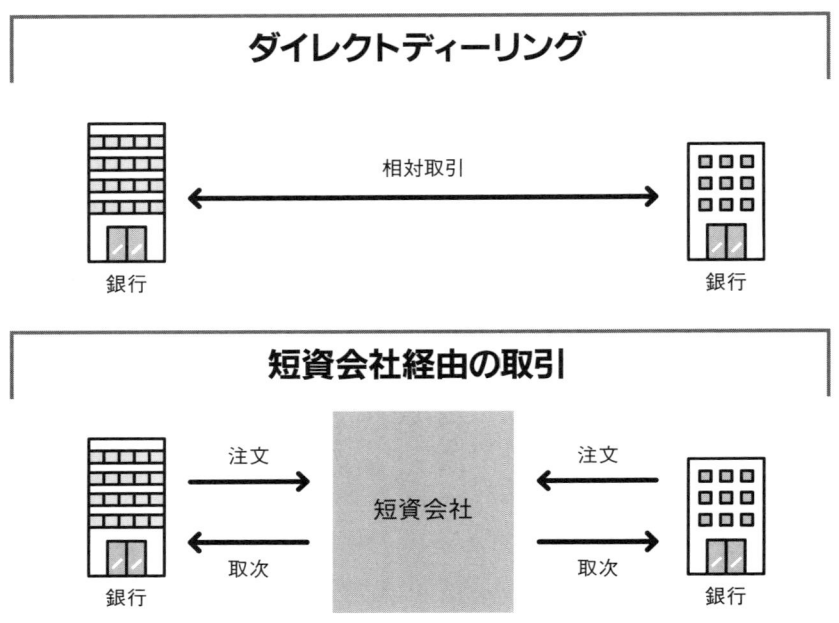

→ ダイレクトディーリングと短資会社経由の取引がある

コール市場の取引手法には、銀行どうしが直接取引する「**ダイレクトディーリング（DD）**」と、「**短資会社経由の取引**」があります。決済は、各銀行が日本銀行に設けている当座預金を通じて行います（**日本銀行当座預金口座**）。

「**短資会社**」とは、短期金融市場で銀行間の貸借取引の仲介をしたり（トレーディング）、実際にお金の貸し借りや売買の相手方となる（ディーリング）会社のことです。

多くの銀行と取引のある短資会社を通したほうが、より有利な条件の取引相手をみつけやすいというメリットがあります。日本に現在ある短資会社は、業界再編が進んだ結果、上田八木短資、セントラル短資、東京短資の3社です。

短期金融市場②

金融機関以外も
参加するオープン市場

オープン市場は銀行以外も参加し、さまざまな取引が存在する。

→ オープン市場の5つの主な取引

　オープン市場には、さまざまな専門的な金融商品を取引する複数の市場があります。その理由は、市場にはさまざまな資金調達・運用ニーズがあるので、それに合わせて商品・取引の種類が増えていったからです。ここでは、主な市場について説明します。

①CD市場

　「CD（**譲渡性預金証書**）」の売買が行われる市場です。CDとは特殊な定期預金で、満期になる前でも、自由に売買できる預金証書です。いつでも適正な価格で換金できる金融商品を「**流動性がある**」と表現しますが、CDは「流動性のある大口の定期預金」ともいわれます。CDを購入した場合は、通常の預金と同じく、利息や元本を受け取ります。

②CP市場

　「CP（コマーシャルペーパー）」を売買する市場です。CPとは、優良企業が資金調達をするために発行する短期の社債です。以前は約束手形、つまり「支払期日に手形に書かれた金額を払いますよ」

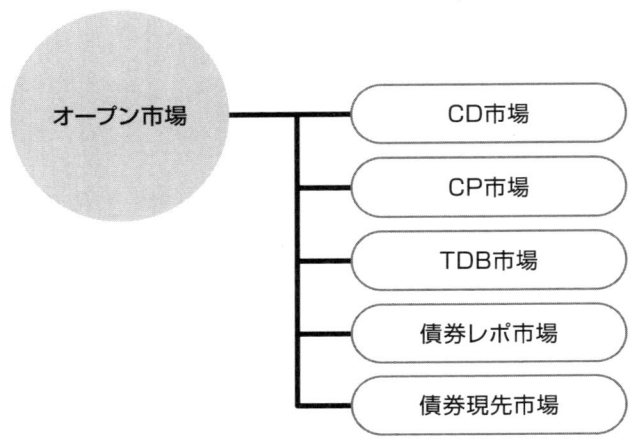

と約束した証券のことでしたが、現在では性格が変わっています。購入するのは銀行や保険会社などです。優良企業が短期の資金調達をする手段として、銀行借入れとともに、活発に利用されています。

③TDB市場

「**TDB（国庫短期証券）**」を売買する市場です。TDBとは、2009年2月に「TB（割引短期国債）」と「FB（政府短期証券）」の2種類が統合されてできた国債の1つです。

　TB発行の目的は、国債の償還・借り換えをスムーズにすること、国債の種類を増やすことでした。

　ちなみに、「**国債の償還**」とは、満期を迎えた国債の保有者に、国がお金（元本）を返済すること。「**借り換え**」とは、国債の償還のためのお金を確保するために、国債をまた発行することです。

　FB発行の目的は、年度内に国庫のお金が一時的に不足している

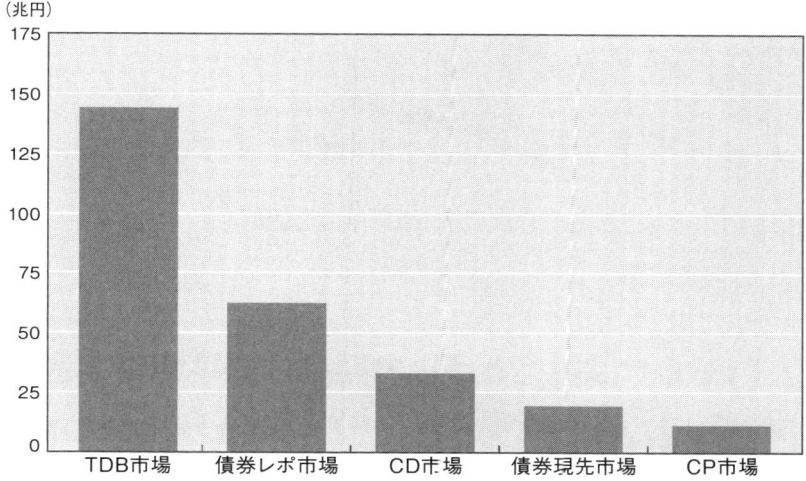

出典：日本銀行

とき、お金を調達することでした。

④債券レポ市場

「**レポ（現金担保付債券貸借取引）**」が行われる市場です。レポとは、現金を担保に債券（主に国債）を貸し借りする取引です。

取引関係は以下のようになります。
・債券を貸す側→担保として現金を受け取る（資金調達）
・債券を借りる側→現金を差し出す（資金運用）

⑤債券現先市場

「あらかじめ決めた価格で将来買い戻す」という約束で、債券を売る取引が行われる市場です。債券を売った側は、債券を買い戻すまでの期間、資金を調達することができます。

05 短期金利の代表的な指標は?

日本の指標はTIBOR、国際的な指標はLIBOR。

→ TIBORは銀行どうしの期間別の平均貸出金利

　56ページで、「短期金利」は、「翌日物」と「ターム物」の2つに大きく分かれると述べましたが、それぞれ代表的な指標があります。翌日物の指標は「無担保コール翌日物金利」(→P61)、ターム物の指標は「TIBOR(＝Tokyo Interbank Offered Rate)」です。

　TIBORとは、全国銀行協会(全銀協)が営業日ごとに公表している「レート(金利)」です。調査対象になっている17の金融機関を「リファレンス・バンク」と呼びます。

　まず、各リファレンス・バンクが、他行にお金を貸出すときに実際に提示すると考えているレート(市場実勢レート)を全銀協に報告します。全銀協は、ターム(期間)ごとに上位レートの2行と下位レートの2行の数字を除き、残りのレートを単純平均します。計算の結果出たレートがTIBORです。

　日本経済新聞のマーケット総合欄に、「TIBOR(全銀協の東京銀行間取引金利)」が掲載されています。

　しかし、先に述べたように、これはリファレンス・バンクが市場

実勢レートだとみなして全銀協に報告した想定上の金利です。

つまり、市場で実際に行われた取引の金利ではないので、正確な市場実勢とはかぎりません。ちなみに、「TIBORは市場金利ではない」という金融のプロもいます。

ユーロ円TIBORは海外の円資金取引の平均貸出金利

TIBORには、「**ユーロ円TIBOR**」と「**日本円TIBOR**」の2種類があり、それぞれ1週間と1〜12カ月の期間別に合計13種類のレートが、全銀協のホームページで公表されています。

では、資金取引の世界でとても重要な「ユーロ」という言葉を説明しましょう。ここでいう「ユーロ」とは、欧州単一通貨ユーロのことではなく、「海外に流出した通貨」という意味です。

1945〜1989年まで続いた米ソ冷戦時代、基軸通貨の米ドルは、米国から欧州などの国々へ大量流出し、米国外でドルの資金取引が行われるようになりました。そして、ドル資金取引の短期金融市場と長期金融市場が形成されていったのです。

このドルのように、海外に流出した通貨は、外国の金融機関に預けられているか、外国に住む人々が保有しています。こうした通貨を「**ユーロマネー（ユーロカレンシー）**」と呼びます。海外にあるドルは「ユーロドル」、海外にある円は「ユーロ円」です。ユーロ市場の資金取引では、金利は1/32%（0.03125%）刻みで表示されます。

①ユーロ円TIBOR

海外市場における円の資金取引の金利です。1年を360日とみな

して金利表示します（360日ベース）。日本の銀行がユーロ円の資金取引をする場合、シンガポール市場、香港市場、東京オフショア市場（日本国内につくられた海外マネーどうしの資金取引市場）でよく行います。

②日本円ＴＩＢＯＲ

　日本市場における円の資金取引の金利です。日本の市場慣行通り、金利表示は365日ベースです。リファレンス・バンクは国内銀行が中心です。

　同じ日の双方のレートを比べると、5日少ないぶん、①のユーロ円がわずかに小さくなります。たとえば、2010年6月9日の3カ月物ＴＩＢＯＲはユーロ円0.38615％、日本円0.40308％でした。実際の取引で360日ベースであるユーロ円は端数があまり出ないので、金額の計算がしやすいです。
　ただし、①国内市場と海外市場では円の需給状況に違いがあること、②リファレンス・バンクの顔ぶれが双方のレートで違うことから、ユーロ円ＴＩＢＯＲを３６５日ベースに単純計算（ユーロ円ＴＩＢＯＲ×360÷365）しても、日本円ＴＩＢＯＲと同じ数字にはなりません。
　ところで、銀行が市場金利に一定の金利を上乗せして企業などに貸出すことを「**スプレッド貸出**」といいます。そのやり方は、基準金利ＴＩＢＯＲに、銀行の利ざやを上乗せします。
　日銀が金融緩和（→P128）に動くと金利は低下しますが、市場の実勢金利の低下ペースよりも、ＴＩＢＯＲの低下ペースはやや遅れることもあります。

TIBORとLIBOR

TIBOR (タイボ)	日本国内の 短期金利の指標	日本市場
LIBOR (ライボ)	国際的な 短期金利の指標	ロンドン市場

→ LIBORは国際的な短期金利の指標

　TIBORは日本の短期金利の代表的な指標ですが、国際的な短期金利の代表的な指標は、「LIBOR（＝London Interbank Offered Rate）」です。

　LIBORとは、英国の国際的な金融市場「ロンドン市場」で行われている、銀行どうしの資金取引における平均貸出金利です。英国銀行協会（BBA）が集計して公表しています。

　LIBORは、「**デリバティブ取引**」の基準金利として、ひんぱんに使われています。デリバティブ取引とは、近年、金融機関などがリスクを低下させたり、高収益を追求するために、新しく考案された取引手法です。金利スワップ（→P108）などがあります。

　なお、円のLIBORはこのところ、恒常的にTIBORよりも低い水準になっています。数字の上では、日本市場で円を借りるよりも、ロンドン市場で円を借りるほうが安いということです。

　2010年6月19日のユーロ円TIBOR3カ月物は0.38615％、円LIBOR3カ月物は0.24313％でした。

06 短期金利の決まり方

短期金利は日銀の金融政策に強い影響を受ける。

→ 日銀は資金介入で市場金利を誘導

「短期金利」は、**日本銀行（日銀）**の金融政策に強い影響を受けます（日銀の金融政策は、127ページで詳しく説明します）。

日銀は金融市場に対して「**公開市場操作**」を行います。その目的は右の図のように、短期金利の指標金利となっている「**無担保コール翌日物金利」を、日銀が目標とする金利水準に誘導すること**です（無担保コール翌日物→P61）。このことから、無担保コール翌日物金利は、日銀の「**政策金利**」といいます。

「誘導する」と表現するのは、市場の金利は、金融機関どうしの自由な取引の結果決まっているので、日銀がむりやり「○％」と決めつけることはできないからです。

そこで日銀は、「無担保コール翌日物」を取引する市場に「資金介入」（巨額のお金を供給したり吸収したりすること）して、金利を目標とする水準に「誘導」するのです。

日銀が無担保コール翌日物金利の誘導目標を引き上げることを「**利上げ**」、引き下げることを「**利下げ**」といいます。

日銀が利上げ・利下げをすれば、翌日物だけでなく、1週間、1

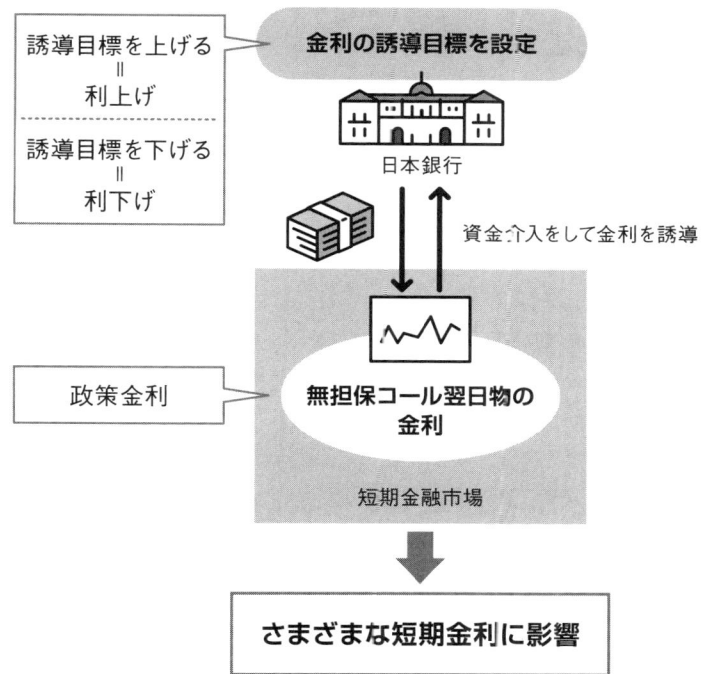

カ月、1年など期間の長い取引の金利もそれぞれ上昇・下降します。

現在は、政策金利が0.1％とほぼ最低水準にあるので、利上げのケース、利上げがないケースに分けて短期金利の動きを説明します。

①日銀が利上げをする見通しが立った場合

金融市場は将来の利上げを織り込み（反映し）、短期金利は上昇します。

②日銀が利上げをする見通しが立たない場合

短期金利は低水準にとどまります。

07 1年超の取引が行われる長期金融市場

長期金利をみるうえで最も重要なのは債券市場。

→ 長期金融市場＝債券市場

　長期金融市場の中心は、債券（→P47）を取引する「**債券市場**」です。長期金融市場＝債券市場と考えてもいいでしょう。

　債券は償還までの期間が比較的長く、多くの人が取引に参加しています。そのため価格や利回りの信頼性が高いからです。

　債券市場は、主に証券会社が発行体（債券の発行者）、投資家の間に入って、取引の相手方や、売買の仲介役を務めています。そして、以下の２つに大きく分かれます。

①発行市場

　国や地方自治体、企業などの発行体が、新しく債券を発行してお金を調達する市場です。新しく発行された債券を「**新発債**（しんぱつさい）」といいます。

②流通市場

　すでに発行された債券をもっている人と、その債券を買いたい人が、売り買いする市場です。すでに発行されている債券を「**既発債**（きはつさい）」といいます。

　債券の種類を発行体別に分けると、次の７つです（右の図）。

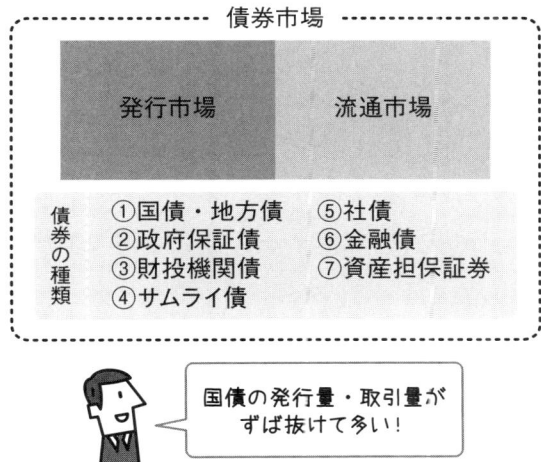

長期金融市場のしくみ

債券市場
- 発行市場
- 流通市場

債券の種類
①国債・地方債
②政府保証債
③財投機関債
④サムライ債
⑤社債
⑥金融債
⑦資産担保証券

国債の発行量・取引量がずば抜けて多い！

①国債・地方債
国債は国が、地方債は都道府県や政令指定都市（政令で指定される人口50万人以上の都市）などが発行します。

②政府保証債
政府が元利（元金＋利息）払いを保証している債券です。日本高速道路保有・債務返済機構、日本政策金融公庫、預金保険機構などの独立行政法人や政府関係機関などが発行します。

③財投機関債
②とは異なり、独立行政法人や政府関係機関などが発行するものの、政府保証のない債券です。日本政策金融公庫、国際協力機構、住宅金融支援機構などが発行しています。

④サムライ債
海外の発行体が、日本で円建てで発行する債券です。たとえば、

外国企業が日本で資金調達したい場合に発行する債券がそうです。
⑤社債
　企業が発行する債券です。民間企業の社債を「一般事業債」といいます。銀行の社債は「銀行社債」といいます。
⑥金融債
　⑤と違って、特定の金融機関だけが発行できる債券です。
⑦資産担保証券（ＡＢＳ）
　金融機関が発行する債券です。発行した金融機関が保有するローンなどを、債券の価値を裏付けるもの（裏付け資産）にしています。ＡＢＳのうち、住宅ローンを担保にしているのが「ＲＭＢＳ」、商業用不動産を担保にしているのが「ＣＭＢＳ」です。

➡ 国債は債券取引の主役

　先の７つの債券のうち、発行量・取引量がずば抜けて多いのが国債です。金融のプロの世界では、日本国債を「ＪＧＢ」と呼びます。英語「Japanese Government Bond」を略したものです。

　国債発行残高は年々右肩上がりで増えていて、今や600兆円を超えています（右の図）。巨額の発行残高を前にして、「これ以上、国債を発行し続けられるのか」という問題がよく議論されます。

　国債は、償還（満期を迎えること）までの期間の長さでみて、次の4種類に分かれます。

①超長期国債
　15年（変動利付債）・20年（利付債）・30年（利付債）・40年（利付債）があります。

②長期国債
　10年（利付債）・10年（物価連動債）・10年（個人向け国債・

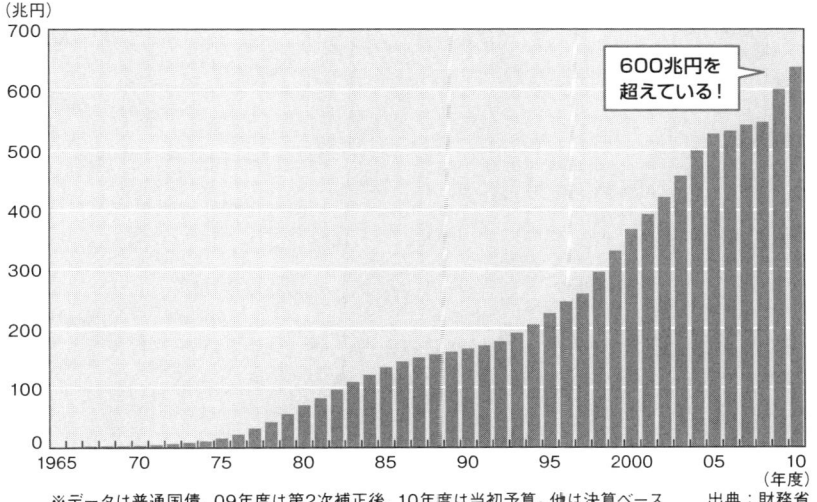

変動金利型）があります。

③中期国債

2年（利付債）・3年（新たに導入された個人向け国債・固定金利型。2010年6月募集・7月発行）・5年（利付債）・5年（個人向け国債・固定金利型）があります。

④国庫短期証券（TDB）

2カ月（割引債）・3カ月（割引債）・6カ月（割引債）・1年（割引債）があります。

償還（満期）を迎えるまでの期間で、国債を分類する方法もあります。通常、1年以下が「**短期ゾーン**」、2～5年が「**中期ゾーン**」、6～10年が「**長期ゾーン**」、11年以降が「**超長期ゾーン**」です。

先の国債の説明で、「**利付債**」「**割引債**」などの言葉が出てきまし

た。これは、債券の利子がどうなっているのかを表したものです。利子のしくみは以下の4つに分かれます。ちなみに、金融の世界では、債券の利子のことを「**クーポン**」と呼びます。③の割引債は、利子がゼロなので「ゼロクーポン債」というのです。

①利付債

　利子がついている債券です。

②変動利付債

　半年ごとに利子の率（利率）が見直される債券です。

③割引債（ゼロクーポン債）

　利子をつけず、そのかわりに、販売価格が額面価格（満期にもらえる金額）よりも安い債券です。

④物価連動債

　物価上昇率に応じて、元本の額が増えたり減ったりする債券です。**表面利率**（債券に記載されている利率）は固定されています。しくみは以下のようになっています。

・物価上昇率が上がる→元本が増えて、受け取る利子も増える
・物価上昇率が下がる→元本が減って、受け取る利子も減る

➡長期金利の指標は「新発10年物国債」の利回り

　これまでいろいろな国債を紹介してきましたが、どれが一番重要かといえば、「10年物国債」でしょう。その理由は、**10年物国債の利回りが、長期金利全体の指標となっている**からです。

　長期金利は日本経済全体に広く影響を及ぼす、とても重要な金利です。なぜなら長期金利の動向が、国債・社債などの「**発行条件**」（表面利率、発行価格などのこと→P252）、銀行の長期貸出金利の基

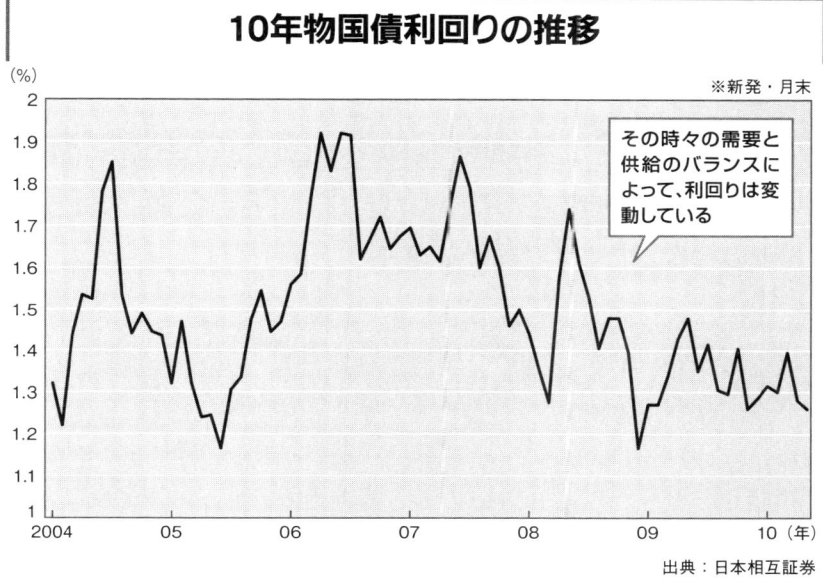

準となる長期プライムレート（→P147）、住宅ローン金利など、さまざまな金利に影響を及ぼすからです。

　ところが、「10年物国債」と一口にいっても毎月発行されており、発行条件もそれぞれ異なります。

　たくさんある中で長期金利全体の指標となる国債（「**指標銘柄（ベンチマーク）**」という）は、直近の「**新発10年物国債**」です。つまり、新たに発行された償還期間10年の国債で、発行時期が一番新しいものです。これが指標銘柄になる理由は、市場における国債売買の中心銘柄になっているからです。

　新聞で書かれる「長期金利」は、一般に「新発10年物国債の流通利回り」を指しています。「**流通利回り**」とは、銀行や証券会社などが流通市場（すでに発行された債券を売買する市場）で債券を購入し、満期まで保有した場合の1年あたりの利回りのことです。

新たに入札が行われる国債の発行条件は、直近の新発国債の流通利回りなどを参考にして決められます。

➡ 債券の価格と流通利回りは正反対の関係にある

　債券の価格や流通利回りは需給バランス（→P112）で決まり、以下のような流れになります（右の図）。

> ・買う人のほうが多い→債券価格上昇・流通利回り低下
> ・売る人のほうが多い→債券価格下落・流通利回り上昇

　受け取る利子が変わらないので、債券価格の上下で流通利回りが変わる理屈はわかりますね。これを、国債の利回り計算に当てはめてみて理解しましょう。「利回り計算」はPart8で詳しく説明しますが、国債の流通利回りの計算は、ここで説明します。

　流通利回り（単利→P244）は、次の計算式で算出できます。

$$\text{流通利回り}(\%) = \frac{\text{表面利率} + \dfrac{\text{額面価格} - \text{流通価格}}{\text{残存期間}}}{\text{流通価格}} \times 100$$

　たとえば、表面利率5％、額面価格100円、残存期間（満期までの期間）8年の10年物国債を、流通価格105円で購入したときと、95円で購入したときの流通利回りは以下のようになります。

①105円で購入した場合（高く購入）

$$\frac{5\% + \dfrac{100円 - 105円}{8年}}{105円} \times 100 = 4.16\%$$

債券の価格と流通利回りの決まり方

 価格上昇   流通利回り低下

売る人　　　　　　買う人

受け取る利子は決まっているので、価格が上がると利回りは下がる

 価格下落   流通利回り上昇

売る人　　　　　　買う人

受け取る利子は決まっているので、価格が下がると利回りは上がる

②95円で購入した場合（安く購入）

$$\frac{5\% + \dfrac{100円 - 95円}{8年}}{95円} \times 100 = 5.92\%$$

　以上の計算からも、債券価格が安くなれば、流通利回りが上昇することがわかりますね。

08 長期金利の決まり方

長期金利は市場の需給バランスに強い影響を受ける。

▶長期金利は将来の経済予想に左右される

　長期金融市場の「**長期金利**」は、その時々の日本銀行の金融政策の影響も受けますが、それ以上に「**将来の経済見通し（予想）**」で決まる傾向が強くなります。

　具体的には、**将来の景気や物価の動向など、複数の経済要因の見通しで動く**ということです（Part4で詳しく説明します）。よって長期金利は、将来の変化を先取りする性質があるともいえます。

　将来の経済見通しに基づいて、シミュレーションしてみましょう。たとえば、1億円を10年間運用する場合、以下の金融商品のどちらを選びますか？　計算しやすいよう、金利水準は高く設定します。

A　10年物国債（年3％）
B　預入期間1年の定期預金（年2％）

　Aを選べば、10年間ずっと3％運用。Bを選べば1年ごとに定期預金を更新していくので、運用利回りは毎年変わります。どちらを

選ぶかは、今後の日本経済の見通しを考えて決めます。

①Aを選ぶ場合の経済見通し

10年間インフレ（物価上昇）が起こらず物価が安定あるいは下落し、金利水準は現在と変わらないか低下する。

②Bを選ぶ場合の経済見通し

今後インフレが起きて物価が上昇し、金利上昇も予想される。預入期間1年の定期預金金利も、年5～6％まで上がるだろう。

それぞれ経済予想がピタリと当たったとき、運用成果はどうなるでしょうか（税金考慮せず）。

①金利が変わらない場合

・10年物国債（年3％）

1億円×3％×10年＝3000万円

・定期預金（預入期間1年・年2％）

1億円×2％×1年×10回＝2000万円

②金利が大幅に上昇した場合

金利の上昇幅は、2年ごとに1％ずつ上昇したと仮定します。

・10年物国債（年3％）

1億円×3％×10年＝3000万円

・定期預金（預入期間1年・年2％）

1～2年目（2％）＝1億円×2％×1年×2回＝400万円

3～4年目（3％）＝1億円×3％×1年×2回＝600万円

5～6年目（4％）＝1億円×4％×1年×2回＝800万円

7～8年目（5％）＝1億円×5％×1年×2回＝1000万円

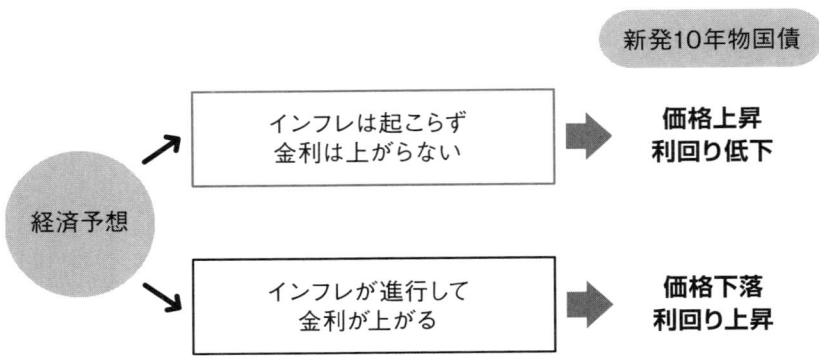

9〜10年目（6％）＝1億円×6％×1年×2回＝1200万円
　　　　　　　　　　　　　　　　　　合計＝4000万円

　以上のことから、物価が安定して長期金利が変わらなかった場合は、固定金利の10年物国債のほうが得します。逆に、金利が上昇していった場合は、定期預金（預入期間1年）のほうが得します。

　これを金融市場の動きで考えてみると、以下のようになります。

①「**将来も物価が安定して金利は上がらない**」**という見通しが金融市場で強まる**

　新発10年物国債がよく売れて価格が上昇し、利回りは低下（長期金利が低下）します（債券の利回りと価格の関係→P78）。

②「**将来、インフレが進行して金利は上がる**」**という見通しが金融市場で強まる**

　新発10年物国債が売れなくなって価格が下落し、利回りが上昇（長期金利が上昇）します。

09 戦後の日本の金利の歴史を大づかみする

規制金利から自由金利に変わった経緯を知っておこう。

➡ 規制金利でどの銀行の金利も同じだった

　現在の日本の金利は、需給バランスで決まる「**自由金利**」です。

　しかし、1980年代までの日本の金利は、政府・日本銀行（日銀）が決める「**規制金利**」でした。臨時金利調整法という法律で、金融機関の預金・貸出金利を政府・日銀が決めていたのです。

　一般の銀行が日銀からお金を貸りる際、その貸出金利を「**公定歩合**」といいます。日銀は公定歩合を動かすことで、各銀行の預金・貸出金利を以下のように動かしていました。

- 公定歩合を上げる→銀行金利は上昇
- 公定歩合を下げる→銀行金利は低下

　当時の金融市場は未発達で、銀行の資金調達は日銀に依存する割合が高かったのです。公定歩合は、銀行の資金調達コストの基準となっていて、どの銀行も預金・貸出金利は同じでした。

　戦後、日本は経済復興のために、お金を日本国中に行き渡らせる金融システムをつくりました。規制金利によって銀行間競争をなく

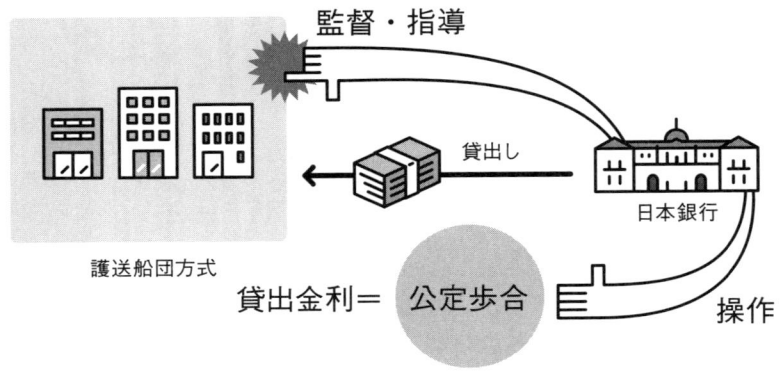

し、銀行を倒産させない「**護送船団方式**」といわれるシステムです。

その結果、世の中に「銀行は絶対に安全」という信頼が生まれ、国民が安心して預金できる環境が生まれました。

預金でお金がたくさん集まれば、銀行が企業に貸出せるお金も増えます。こうして、経済復興のための潤沢な資金が確保でき、日本は高度経済成長を成し遂げたのです。

→ 1994年にはすべての預金金利が自由化

しかし1970年代後半、日本に金利自由化の波が訪れました。

そのきっかけは、1975年度の国債大量発行です。

1973年の第1次オイルショック（石油価格の高騰）で、日本は深刻な不況に陥り、税収が激しく落ち込みました。

そこで政府は税収不足を穴埋めするため、国債を大量発行してお

金を確保しようとしたのです。

その後、国債の大量発行が続くようになり、国債の買い手の中心だった銀行の国債保有高が増大しました。

そこで政府は1979年4月、銀行が国債を流通市場で転売することを認めました。国債の転売価格（と利回り）は、需給バランスで決まるようになったのです。

また、コール市場など短期金融市場の金利自由化も進み、日銀は金融政策を徐々に、「公開市場操作」へと切り替えていきました。

そして1991年、日銀は民間金融機関に対して、貸出しの増加額を一定の範囲内に収めるよう直接指導する「窓口指導」を廃止。銀行の貸出金利は需給バランスで決まるようになっていったのです。

預金金利の自由化も徐々に進み、1985年の大口定期預金金利の自由化、1993年の定期性預金金利の完全自由化などを経て、1994年にすべての自由化が完了しました。

旧公定歩合はコール市場の上限金利の役目を果たす

自由化の結果、金利は金融市場の需給バランスで決まるようになりました。日銀は、公定歩合ではなく、無担保コール翌日物金利を操作することで金利をコントロールしています（→P70）。

2006年、公定歩合の名称は「**基準割引率および基準貸付利率**」に変わりました。今は0.3%です（2010年6月現在）。

無担保コール翌日物金利の上限金利となっていて、短期金利の安定性を確保する役割を担っています。

その理由は、たとえばコール市場の金利が0.3%以上なら、銀行は日銀からお金を借りたほうが得ですから、結果としてコール市場の金利は0.3%を超えることはないというわけです。

Part 3

金融市場と市場金利の動向を詳しくみてみよう

01 短期金利の動向を読む

無担保コール翌日物、TIBORの動きのどこに注目し、何を読み取るか。

→ 無担保コール翌日物金利は日本経済を反映している

　ここでは、Part 2で紹介した短期金利の代表的な指標、「**無担保コール翌日物金利**」と「**TIBOR**」の読み方を説明します。

　無担保コール翌日物金利（→P61）は、日本銀行（日銀）の政策金利であり、その誘導水準（→P70）を決定するのは、日銀の最高意思決定機関である「**政策委員会・金融政策決定会合**」（→P158）だけです。

　日銀の金融市場局は、コール市場の現場で、金利が決定された誘導水準に収まるように、「公開市場操作」を随時行っています。

　しかし、金融市場局が勝手に無担保コール翌日物金利の水準を大きく変えて、「近い将来、日銀の金融政策が変わる可能性がある」などと市場にシグナル（警告）を発信することは許されません。

　したがって、私たち個人が無担保コール翌日物金利の日々の小さな変動を眺めていても、ほとんど意味はありません。

　日銀が日本経済（景気や物価）の動向をどうみているのかを知りたいなら、これまでの**日銀の政策委員会・金融政策決定会合が、ど**

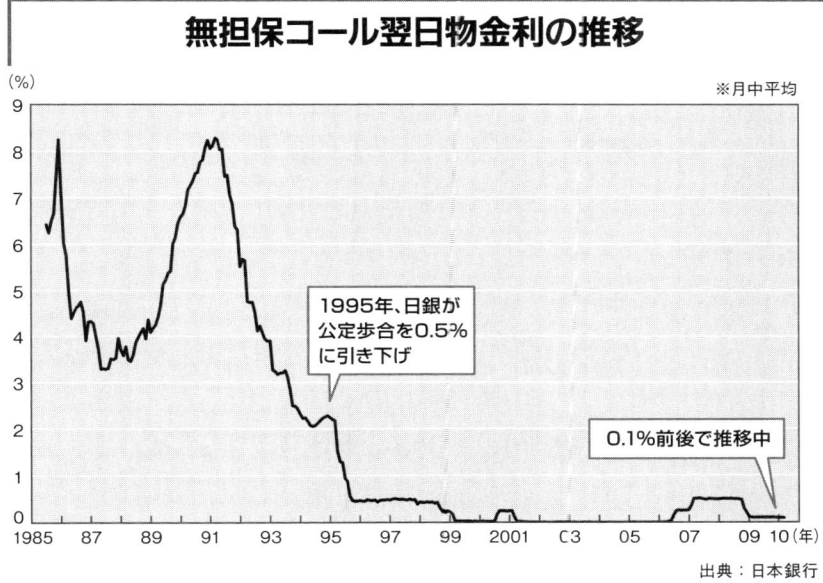

のような金融政策を行ってきたかを振り返ることが大事です。

　2010年6月現在の政策金利は0.1％。翌日物金利は0％台の超低水準が長く続いています。ここから読み取れるのは、「**日本経済（景気と物価）は非常に弱い**」**と日銀が考えている**ことです。

　では、これまでの日銀の金融政策を振り返ってみましょう。
　1995年9月、日銀は公定歩合を0.5％に引き下げました。それ以降、政策金利は下がり続けてきました（上の図）。
　同時に、無担保コール翌日物は0.4％台で推移するようになりました。それから約15年間、0％台が続いています。この状態を「**超低金利時代**」と呼びます。
　超低金利が続く理由は、日本の物価が下がり続けているからです。「ＧＤＰデフレーター」という物価水準を表す代表的な指標があり

ます。これは1995年以降、ほぼ前年比マイナスで推移しています。

　つまり、1995年〜現在までの15年間、日本の物価はずっと下がり続けてきたのです。この状態を「**15年デフレ**」と呼びます。

　物価と金利の関係は119ページで詳しく説明しますが、物価が下がり続けている以上、当然、金利も上がりません。15年間も超低金利時代が続いているのは、15年デフレが背景にあるからなのです。

　日本経済の力は今後、人口減少・少子高齢化によって着実に低下するでしょう。超低金利時代はこれからも、まだまだ続きそうです。

▶ TIBORの変動は個人にも関わってくる

　次にTIBORについて説明しましょう。

　「ユーロ円TIBOR」と「日本円TIBOR」（→P66）は、銀行が他行にお金を貸す場合に市場実勢と考えている平均貸出金利です。また68ページで述べたように、スプレッド貸出の基準金利ですから、実際の市場金利ほど敏感な動きはしません。TIBORは、変動するレート（金利）の大まかな方向が、どこへ向かっているのかをつかむものなのです。

　TIBORは、銀行どうしの提示金利ですが、私たち個人にも関わってくる金利です。

　なぜなら、私たち個人が利用する1年以下の定期預金（1カ月物や3カ月物など）は、銀行の重要な資金調達手段の1つだからです。

　ですから、金融市場で取引されているターム（期間）物の金利の変動が大きくなれば、定期預金金利にも影響が出てくるのです。

　とくに、銀行がまとまった金額を調達することができる大口定期預金の金利は、市場の動きに沿った金利変更が行われる可能性があります。

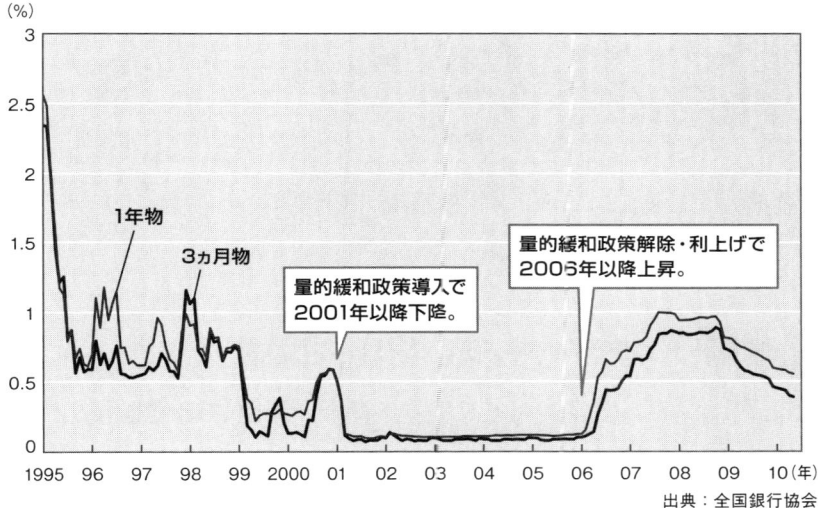

　ところで、ユーロ円TIBORと日本円TIBORは異なる市場の金利ですが、異なる市場どうしでも、金利はおのずと同様の水準に収れんする法則があります。そのしくみは以下のとおりです。

①特定の市場で金利が高い場合

　そこに運用資金が集中し、資金の供給が需要に対して多くなることから、金利は下がります。

②特定の市場で金利が低い場合

　そこに資金調達の動きが集中し、資金の需要が供給に対して多くなることから、金利は上がります。

　異なる市場どうしの金利水準が、資金の出入りを通じてほぼ同じになっていくことを、「**金利裁定が働いている状態**」と呼びます。

02 長期金利の動向を読む

長期金利の動向は新発10年物国債の流通利回りに注目する。そこから何を読み取るか。

→ 信用リスクが最も低い貸出先は国

　76ページで、長期金利の代表的な指標「**新発10年物国債の流通利回り**」は、将来の経済見通しを反映して動くと説明しました。

　この流通利回りはとても重要です。なぜなら、企業が設備投資などの目的で、銀行から長期間お金を借りるときの金利や、住宅ローンの金利に大きな影響を与えるからです。

　新発10年物国債の流通利回りは原則として、同じ発行条件（価格や期間、利率）の他の債券と比べて、最も低くなります。これはなぜでしょうか。

　それは、国債を発行しているのが「日本政府（国）」だからです。**日本で「信用リスク」（→P147）が最も低い貸出先は「日本政府」。よって国債の「流通利回り」は最も低くなるのです。**信用リスクとは、貸したお金が返ってこない可能性のことをいいます。

　国は、国民から税金を強制的に徴収する権利（徴税権）をもっています。もし、国が借金の返済に困ったら、増税ができます。このことから、日本政府は最も信用リスクが低い貸出先なのです。

日本経済新聞は新発10年物国債の流通利回りを毎日掲載

```
債券市場
◇新発10年国債
 日本相互証券  利回り（終値）  前日比
 308回債      1.220%        -0.015
 店頭売買参考統計値
 （日本証券業協会発表、業者平均、単利）
 308回債      1.220%        -0.015
◇日経公社債インデックス
 短期債                     0.69
 中期債                     0.64
 長期債                     1.45
◇日経国債インデックス         0.656
```

（日本経済新聞2010年6月8日付）

　一般に、信用リスクが高くなるほど貸出金利は上がります。よって、国債の利回りは最も低くなるのです。
　このことを知っていると、個人の資産運用の基準ができます。
　つまり、**いくら安全性が高い金融商品だとしても、金利が国債の利回りよりも低かったら、購入するのは得ではない**ということです。そんな場合は、最も安全な国債で運用するべきです。
　また、新発10年物国債の流通利回りの動きは、長期金利全般に影響します。上昇してきたら、住宅ローン金利なども上昇する可能性があります。

　新発10年物国債の流通利回りは、日本経済新聞のマーケット総合欄に掲載されています（上の図）。
　この数字は、日本相互証券でその日の最後に取引が成立した利回りです。日本相互証券とは、各証券会社の債券ディーラーが行う多種多様な債券の売買を仲介する役割をする「ブローカーズ・ブローカー（ＢＢ）」の代表的な企業です。

03 長短の期間別利回りを結ぶと金利の方向感がわかる

イールドカーブの動きをもとに将来の金利の変動を読み取る。

➡ 時々の状況で形が変わるイールドカーブ

　将来、金利がどう動きそうかを探るには、「**イールドカーブ（利回り曲線）**」という考え方が役立ちます。

　イールドカーブとは、異なる期間の金利の水準を期間の短いほうから長いほうへと結んで、1つの線にしたグラフです。短期金利、国債の流通利回り、あるいは双方を利用して作成されます。

　イールドカーブは、その時々の景気や物価の動向、今後の経済見通し、金融政策の見通しなど、さまざまな要素を総合した「**金融市場参加者の金利観**」の変化を反映して形が変わります。

　つまり、イールドカーブをみれば、市場参加者が将来の金利をどう予測しているのかがわかるのです。

①順イールド

　グラフは右肩上がりの曲線です。将来、金利が上がると予想する人が多い場合に順イールドになります。通常、イールドカーブは順イールドになります。なぜなら、債券の残存期間（満期までの年数）が長いほうが利回りが高くなるからです。

イールドカーブの種類

順イールド

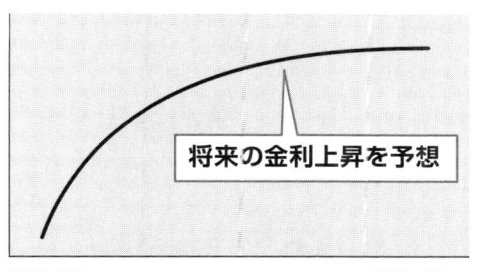

逆イールド

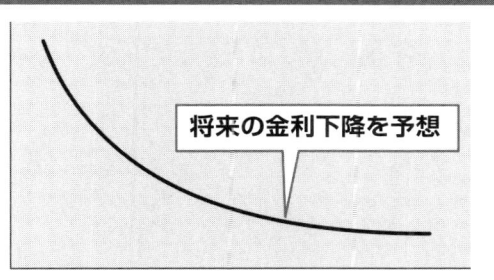

フラットイールド

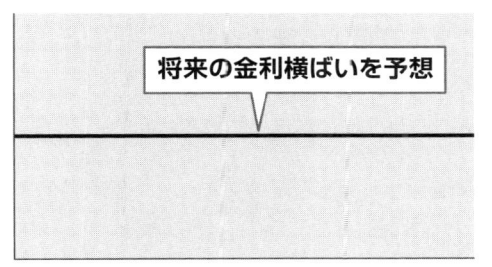

②逆イールド
　グラフは右肩下がりの曲線です。将来、金利が下がると予想する人のほうが多い場合に逆イールドになります。

③フラットイールド
　グラフは水平になります。将来、金利が横ばいで推移すると予想する人が多い場合にフラットイールドになります。

→ 短期よりも長期の利回りが低いときもある

　それでは、イールドカーブの決まり方について、単純化した事例で説明しましょう。市場参加者の多くが、将来の金利が上がると考えていて、以下のような状況になっていると仮定します。
・現在、6カ月物の無担保コール金利は1％。
・しかし6カ月後、日銀が大幅に利上げして、上記の金利が2％になる可能性が高い。市場はすでにこれを織り込み（反映）済み。

　この場合、現在の1年物の無担保コール金利は、1.5％で取引されます。その理由は、1年間の貸し借りを半年ごとに分けてみると、
・現在から6カ月後の半年間→金利1％
・6カ月後〜1年後の半年間→金利2％
　したがって、現在の1年物の金利は、平均の1.5％になります。
　イールドカーブでは、6カ月物は1％、1年物は1.5％という金利水準になっているので、右肩上がりの順イールドになるのです。
　これは市場金利のケースですが、貸出金利や預金金利でも考え方はまったく同じです。
　将来のある時点からスタートした一定期間内の金利のことを「フ

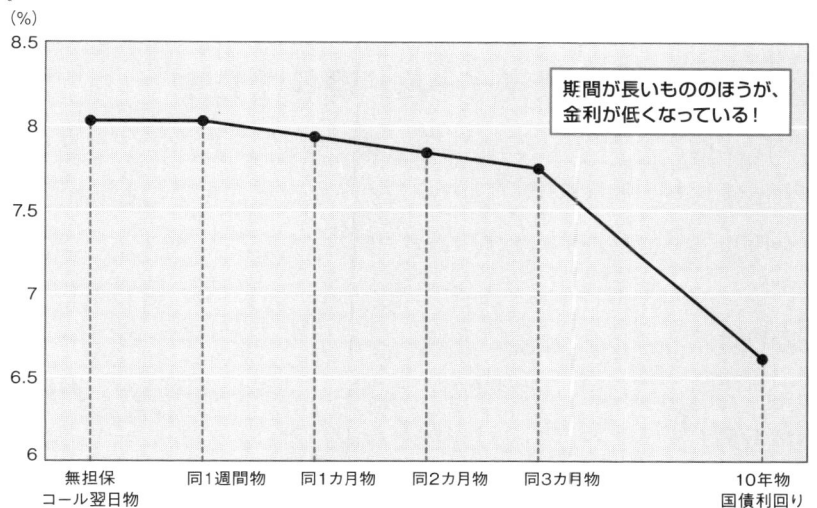

ォワードレート」と呼びます。この例では、6カ月先の6カ月物金利2%がフォワードレートです。

一般的に、**フォワードレートが現在の金利よりも高いとき、順イールドになる**ということです。

➡ バブル崩壊後の日本で起きた逆イールド現象

先に述べたように、イールドカーブは通常、順イールドになります。しかし、特殊な事例があると、逆イールド現象が起こります。

1989～1991年の日本では、逆イールド現象が起きました。上の図は、1991年5月末の無担保コール金利のイールドカーブです。

バブル経済崩壊（1990年）の1年後、1991年は「**失われた10年**」と呼ばれる、長期にわたる不況の入り口でした。

当時、多くの市場参加者は、日銀の政策金利引き下げ、将来の景

気悪化による長期金利の低下を予想しました。結果として逆イールド現象が起きたのです。

→ ギリシャ危機で逆イールド現象が発生

最近では2010年春、ユーロ導入国のギリシャで逆イールド現象が起きました。財政赤字（国の収入よりも支出が多いこと）が膨らみ、ギリシャは危機的な状況に陥りました。

ギリシャの信用力が低下した結果、ギリシャ国債の価格は急落し、利回りは急上昇しました。

これに対してＥＵ（欧州連合）とＩＭＦ（国際通貨基金、通貨と為替相場の安定化を目的とする国際組織）は、ギリシャへの金融支援を行う方針を明らかにしました。

しかし、格付会社Ｓ＆Ｐ（→Ｐ150）が、ギリシャ国債の格付けを「ＢＢ＋（投機的要素が強い）」まで一気に３段階引き下げ、ギリシャ国債の価値は急落したのです。

その結果、ギリシャ国債を売る動きが加速して、価格はさらに下落し、利回りは急上昇しました（債券の価格と利回り→Ｐ78）。

ギリシャ国債は、短期・中期ゾーンの金利上昇幅が、長期ゾーンの金利上昇幅を大きく上回る逆イールド現象が起きたのです。４月28日のギリシャ国債の「２年物」利回りは一時、38％にまで上昇、「10年物」利回りは一時、13％前後まで上昇しました。

このケースは、ＥＣＢ（欧州中央銀行→Ｐ189）の政策金利引き上げ見通しを、市場が織り込んだからではありません。

ギリシャ政府の当面の資金繰りが行き詰まるリスクが警戒され、ギリシャ国債の買い手（ギリシャに対する資金の出し手）が市場でほとんど見当たらなくなったからです。

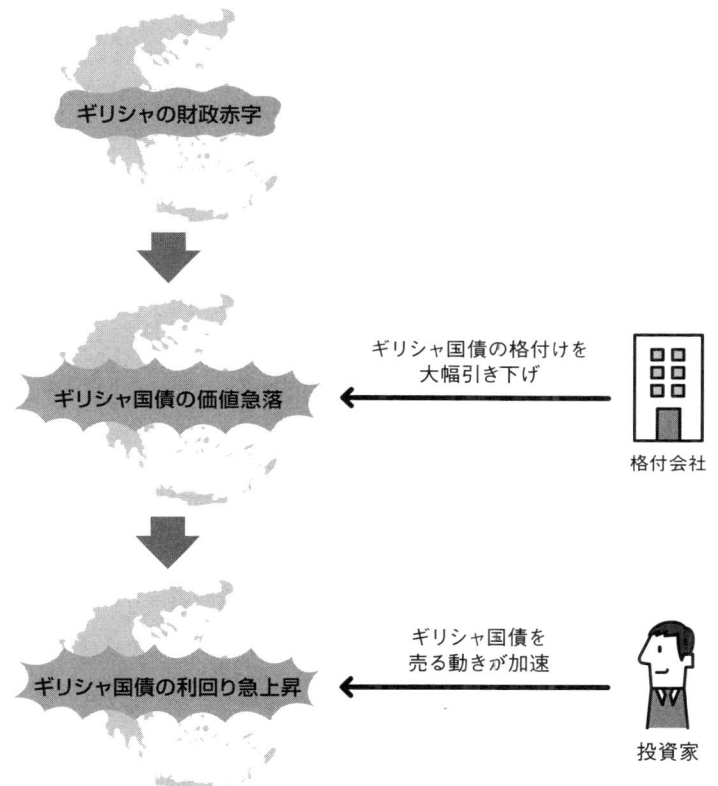

　このように、**イールドカーブの形状をみることで、市場が予想している将来の金利動向がわかる**のです。

　なかでも、短期・中期ゾーンのイールドカーブは、前述した特殊事例を除けば、通常、中央銀行の利上げ・利下げが、①どのようなタイミングで、②どういった幅で動くのか、を市場がどうみているのかを示すものになるので、とても注目されます。

04 金利・債券の先物取引から金利動向を読む

先物は現物の金利水準に大きな影響を与える重要な取引。

→ 先物取引とは将来の価格を現時点で取引するもの

　金利と債券には、「**先物取引**」があります。

　先物取引とは、簡単にいうと「将来のある時点（期日）に商品を売買することを、事前に契約しておく取引」です。

　これに対して、実際に商品を渡して、代金を受け取る通常の取引を「**現物取引**」といいます。

　先物取引において、ただ単純に将来の期日に売買することを契約するだけだと、契約後に商品の価格が大きく変動した場合、期日の売買時点で、取引相手のどちらかが損する可能性があります。

　この問題を改善するため、現在の先物取引は、期日前でも売買できるしくみになっています。

　期日前に売買する取引とは、現物（実際の商品）の受け渡しをせずに、価格が変動して生じた差額（差金という）部分だけを、お互いに受け渡しする取引方法で、「**差金決済方式**」と呼びます。

　差額の部分を受け渡しするだけなので、現物をもっていない人でも、商品を売る（売りから取引を始める）ことができます。

先物取引の利益のしくみ

❶ 取引を買いで始めた人

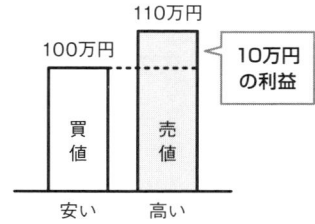
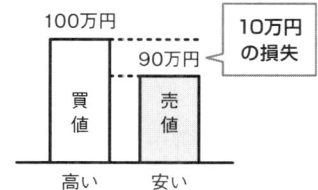

❷ 取引を売りで始めた人

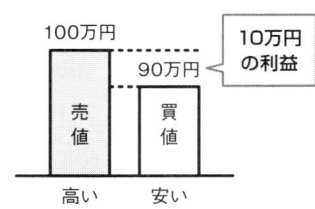
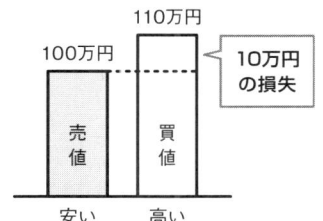

　先物取引では次のようにして取引を完了させます。
・取引を買いで始めた人→売り戻して決済する
・取引を売りで始めた人→買い戻して決済する
　このように正反対の取引を行って決済することを「反対売買」をするといいます。

　また、先物取引で損益が出るしくみは、以下のようになります。
①取引を買いで始めた人
・買った価格より高い価格で売り戻せば利益が出る。
・買った価格より安い価格で売り戻すと損失が出る。

②取引を売りで始めた人
・売った価格より安い価格で買い戻せば利益が出る。
・売った価格より高い価格で買い戻すと損失が出る。

　先物取引は、先に述べた価格変動によるリスクを回避（リスクヘッジ）する手段のほかに、以下の2つの役割もあります。
①公正な価格を形成する
　モノの価格は、買い手と売り手の需給バランスで決まります。さまざまな思惑をもった多くの売り手と買い手が先物市場に集まれば、価格は妥当な線に落ち着きやすくなります。

②資産運用の機会を増やす
　先物市場で最も多く取引しているのは、資産運用目的で積極的な売買をしている投資家です。とくに金利先物取引や債券先物取引を活発に行っているのは、ほとんどが銀行や証券会社、保険会社などの機関投資家（→P170）です。

→ 金利先物取引のしくみ

「**金利先物取引**」も通常の先物取引と基本は同じで、事前に決めた期日に、事前に決めた条件で取引をする契約をします。ただし、取引対象がいわゆる商品ではなく、短期金利であるのが特徴です。
　まず現時点で、将来のある時点（期日）からスタートする一定期間の金利を決めて、その期日に資金取引することを約束します。
　その後、金利先物取引の相場は変動します。そして期日になると、事前に決めていた金利と比べて、実際の金利先物相場の金利がどうなっているかで損益が確定します。

日本経済新聞は債券先物・金融先物を毎日掲載

```
債券先物    （17日、東証、円・％・億円、始値は前日夜間取引を含む）
         始値     当日始値    高値     安値     終値    前日比
▽10年物（6％国債）
  10/ 9月  140.29   140.43   140.5   140.26   140.41   0.13
  10/12月   ―       ―       ―       ―       ―       ―
         利回り    売買高    建玉           利回り    売買高   建玉
  10/ 9月  1.395   22889   63157  10/12月   ―       ―      0

金融先物    （17日、東京金融取引所、ポイント・枚）
         始値     高値    安値    公式終値   清算値   前日比   売買高    建玉
▽円金利3カ月（TIBOR）
  10/ 7月   ―       ―      ―      99.615   99.615    0       0       0
  10/ 8月   ―       ―      ―      99.615   99.615    0       0       0
  10/ 9月  99.640  99.640  99.635  99.640   99.640    0      3367   287447
  10/12月  99.645  99.650  99.645  99.650   99.645  -0.005  1483   215553
  10/ 3月  99.645  99.650  99.645  99.645   99.645  -0.005  1329   157129
  10/ 6月  99.645  99.645  99.635  99.640   99.640  -0.005  2050   126796
  11/ 9月  99.635  99.635  99.625  99.630   99.630    0      1116    29581
                        合 計                               10631   832063
```

（日本経済新聞2010年6月18日付）

　金融先物取引は、日本唯一の金融先物取引所である「東京金融取引所」で行われていて、「ユーロ円3カ月金利先物」や「無担保コール翌日物金利先物」などが上場されています。

　日本経済新聞のマーケット総合欄に金利先物の価格が掲載されていますが、「99.645」といった数値になっています。これは、金利先物の価格が「100－金利（年率・％）」で表示されるからです。たとえば、金利0.375％の場合は以下のようになります。

先物価格＝100－0.375％＝99.625

　そこで、先物価格の動きから以下のように金利を読みます。

・先物価格の上昇→金利が低下している
・先物価格の下落→金利が上昇している

▶ 債券先物取引のしくみ

「**債券先物取引**」も通常の先物取引と基本は同じです。ある債券を、現時点で決めた価格で、将来のある一定の日（期日）に売買することを約束する取引のことです。

「長期国債先物取引」「中期国債先物取引」「ミニ長期国債先物取引（個人投資家向け）」が東京証券取引所に上場されています。

　取引量が圧倒的に多いのが長期国債先物取引です。一般に「債券先物」という場合、これを指します。

　国債先物取引の対象は、実際に発行されている国債ではありません。国債の先物取引をしやすくするために、諸条件を標準化した「標準物」と呼ばれる架空の国債です。

▶ 金利・債券先物取引は私たちにも役立つ

　金利・債券先物取引は、売買単位も大きく、取引するのはほとんどが機関投資家です。

　非常に活発な売買が行われているため、先物価格には市場参加者（機関投資家）が将来の金利水準をどう予想しているかがスピーディーに織り込まれています。

　つまり、金利・債券先物の相場の動きをチェックすることで、将来の金利水準を先読みできるというメリットがあるのです。

　76ページで、長期金利の代表的な指標は、新発10年物国債の流通利回りだと説明しました。これは当然、現実の債券（現物）の利回りです。

　ところが、**現物の新発10年物国債の流通利回りの決定に大きな影響を及ぼしているのが国債の先物相場**なのです。

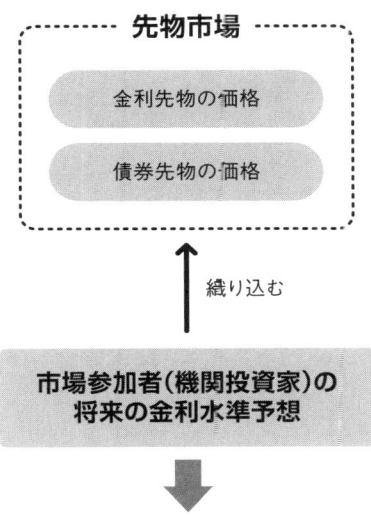

そこで銀行や証券会社などの債券担当者は、国債先物の価格動向を常にウォッチしています。なぜなら、**現物よりも売買が活発な国債先物価格の動きをみていれば、市場の流れ（トレンド）や市場のそのときの需給関係などをいち早く把握できる**からです。

例を挙げましょう。2010年6月現在の長期国債先物は140〜141円台で推移していますが、7年前の2003年6月10日には、先物価格が145.09円の史上最高値をつけたことがありました。

債券価格が上がれば、利回りは下がります（→P78）。すると翌日の6月11日には、現物の10年物国債の利回りが、0.430％の史上最低水準を記録したのです。

05 金利を対象とする金利オプション取引

「あらかじめ特定の価格で売買する権利」を取引するのがオプション取引。身近な金利オプションはキャップとフロア。

→ オプションとは売買する権利のこと

「**デリバティブズ（金融派生商品）**」と呼ばれる金融商品には、前ページで説明した先物取引、ここで説明する「**オプション取引**」、108ページの「スワップ取引」などがあります。

「オプション」を直訳すれば、「選択する権利」のこと。ある商品を、あらかじめ決められた価格（**権利行使価格**）で、決められた期日に売買する権利です。以下の2種類に分かれます。

①コールオプション

　期間内に買う権利です。

②プットオプション

　期間内に売る権利です。

　もちろん、権利はタダではありません。金融機関は、代金を払って、権利を購入しておくのです。

　オプションの値段は市場で時々刻々、取引状況に応じて変動します。そして、オプションを買った人は、権利を行使することによるメリットがあると判断される場合は行使しますが、メリットがない

場合はそのまま放置するわけです。ですから、権利を行使しない場合、オプションを買った代金はムダになり、損になります。

具体的に説明しましょう。

たとえば138円で債券先物を買うことができるコールオプションを50銭で買って保有しているとします。そして、権利行使期日の債券先物の市場実勢価格が139円であるとします。

この場合、オプションを行使して138円で先物を買い、それを市場で売ります。すると稼ぎは1円（139円－138円）です。オプション代金が50銭なので儲けは50銭（1円－50銭）になります。

➡ 身近な金融商品に使われるキャップとフロア

さまざまなオプション取引が存在していますが、身近な金融商品に使われ、一般にも知られている金利オプションである「キャップ」と「フロア」について説明します。

①キャップ

文字どおり、金利上昇にふたをする（押さえる）イメージです。変動金利であるにもかかわらず、ある一定の金利水準以上には上がらないように設定する権利です。

住宅ローンに、キャップを用いた商品があります。住宅ローン契約の中で、ローンの借り手が、キャップを買うかたちになっています。そのぶんのコストが契約条件に含まれてきます。

②フロア

変動金利であるにもかかわらず、ある一定の金利水準以下には下がらないように設定するオプションです。なお、個人向け国債は、0.05％未満に金利が下がらないフロアがついた金融商品です。

06 金利スワップから金利動向を読む

金利スワップは、変動金利と固定金利を交換する取引。

→ 固定金利と変動金利を交換して有利な取引をする

「スワップ取引」とは何でしょうか。

スワップとは、「交換」という意味の言葉です。金融の世界では、「あるキャッシュフロー（お金の流れ）と別のキャッシュフローを交換する取引」のこと。

なかでも最も取引量が多いのが、固定金利と変動金利を交換する「金利スワップ」という取引です。金利スワップは、以下のようにキャッシュフローを交換できます。

- 固定金利の資産（または負債）→変動金利の資産（または負債）
- 変動金利の資産（または負債）→固定金利の資産（または負債）

①変動金利でお金を借りている場合

将来、市場金利が上がると、月々の返済額が増える金利上昇リスクがあります。

そこで金利スワップを利用して、変動金利を固定金利に交換すれば、リスクを回避できます。固定金利に変更すれば、金利が上昇し

ても返済額が増えることはありません。

②固定金利で資金運用している場合

将来、市場金利が上がると、市場金利に比べて利益が見劣りするリスクがあります。

そこで金利スワップを利用して、固定金利を変動金利に交換すれば、リスクを回避できます。市場金利の上昇に合わせて、運用の受取額を増やすことができます。

➡ OISから日銀の金融政策の動きを読む

近年、注目度が高まっている金利スワップ取引に、「**OIS（オーバーナイト・インデックス・スワップ）**」があります。

OISは、「変動金利の無担保コール翌日物金利」と「固定金利」を交換する取引です。

OISの良いところは、変動金利の対象が、日本銀行の政策金利である翌日物金利になっていることです。つまり、日銀の金融政策が変更されないかぎり、急に上昇してしまうことはないのです。

逆に、金利スワップの変動金利の対象でよく使われる6カ月LIBORの場合は、各銀行が提示する金利がまちまちです（LIBOR→P68）。なので、何らかの信用不安が発生した場合、急に上昇してしまう可能性があります。

OISの変動金利は無担保コール翌日物金利なので、**OIS市場で取引された金利水準をみると、日銀の利上げ・利下げのタイミングや幅を、市場参加者がどうみているのかを知る手掛かりになります**。ただし、現状ではOIS参加者は外資系金融機関が中心で、市場参加者がまだ限られているという難点もあります。

Part 4

経済が金利を動かすしくみを理解しよう

01 需要と供給のバランスが金利を決める

金利が動く基本は、お金の需給バランスにある。

→ お金の需給バランスで動くのが基本

　金利が日々変動するのは、基本的に**お金の需給関係（需給バランス）が変化する**からです。

　お金を借りたい人が貸したい人より多くなれば、お金の需要が増えて「金利は上昇」します。逆に、お金を貸したい人が借りたい人より増えると、お金の供給が増えて「金利は低下」します。

　このように、金利が需給バランスで決まるとき、常に有利なのは少数派です。

　あなたが大金持ちで貸金業を営んでいると仮定します。たくさんの人がお金を借りに来たとき、あなたはどんな行動を取りますか。

　まず、「借りたい人がたくさんいるから、ちょっと強気に出てみよう」と考えて、貸出金利を引き上げてみるでしょう。そして、借り手が「これ以上金利が上がるなら、借りるのをあきらめよう」と考える手前の水準まで、金利は上がっていきます。

　反対に、あなた以外にも貸金業を営む人がたくさんいると、今度は借り手が強気になります。「もっと金利を下げてくれないなら、

他で借りるよ」と金利をめぐる駆け引きが始まり、貸出金利は下がっていきます。

　需給バランスで決まるしくみを、経済用語で「**マーケット・メカニズム（市場原理）**」といいます。

▶ 為替レートよりもコントロールされている

　為替の場合、1ドル＝100円だったドル／円レートが、翌日には90円になったりしますが、金利は短期間で10％も動くことはまずありえません。

　なぜなら、日本銀行の金融政策によって短期金利の水準がコントロールされ、大幅な変動が阻止されているからです。**金利は、為替よりも経済に及ぼす影響が大きく、短期間の大幅な変動は、経済を大混乱に陥れる危険性が高い**のです。

02 景気の良し悪しでどう変わる？

金利は好景気と不景気の循環に左右されるが、同時に景気の行きすぎを防ぐ安定化装置の役目も果たしている。

→ 金利は景気循環に大きく左右される

　金利を動かす最大の要因は「**日本国内の景気**」です。

　景気とは、一言でいうと「経済活動の勢い」のこと。景気が良いとモノやサービスがよく売れ、企業は儲かり、働き口（雇用）が増えます。このように経済活動が元気な状態を「**好景気（好況）**」、反対に元気のない状態を「**不景気（不況）**」といいます。

　好景気も不景気もずっと続くわけではなく、交互に入れ替わります。景気は右の図のようなパターンを繰り返します。これを「**景気循環**」といい、金利はこのサイクルに大きく左右されます。

　好景気になると、企業の生産・販売活動が活発になり、より多くのモノ・サービスを供給するために、銀行からお金を借りて設備投資をします。

　個人も勤め先の企業が儲かって給料が上がると、消費が増え、住宅やクルマなどの高額商品をローンで買う人も増えます。

　好景気では、経済全体が活動的になって「**資金需要**」が高まります。すなわち、お金を借りたい人が増えるので、お金の需給バラン

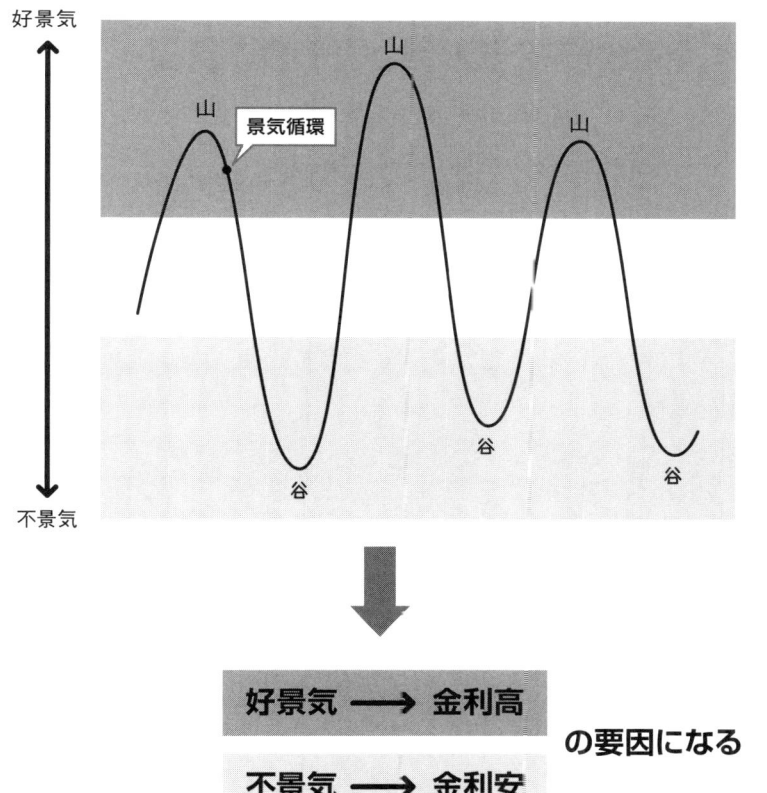

スから自然と金利は上昇します。

　しかし、ある程度まで金利が上がると、今度は不景気に入ります。金利が高くなると、利払い負担が増えて企業の儲けが減るため、従業員の給料やボーナスも減ります。

　すると、私たちは徐々にモノ・サービスを消費しなくなり、さらに企業の儲けは減ります。そして企業は、生産を調整したり設備投

資を控えたりするようになります。企業の資金需要は減り、自然と金利は低下することになります。

➡ 金利は景気を落ち着かせる力がある

　実は、金利にも景気を動かす力があります。その力を「**スタビライザー（安定化装置）機能**」と呼びます。

　景気が良くなりすぎると、「**インフレ**」を招く可能性が出てきます。インフレとは、モノの値段が上がり続けて経済全体が過熱する状態です。逆に、景気が悪くなりすぎると、「**デフレ**」を招く可能性が出てきます。デフレとは、モノの値段が下がり続けて経済全体が落ち込む状態です。

　どちらも経済や私たちの生活にとっていい状態ではありません。こうした経済状態の行きすぎを防ぐのが金利の力です。経済における景気と金利の関係は、「持ちつ持たれつ」なのです。

①景気が良くなりすぎるとき

　同時に金利も上がるため、自然と企業の儲けは減少し、個人消費も減って、徐々に景気は悪くなります。つまり、金利上昇が景気にブレーキをかけてインフレを防ぐわけです。

②景気が悪くなるとき

　同時に金利も下がるため、自然と企業の設備投資や個人消費にお金が回りやすくなり、徐々に景気が回復していきます。つまり、金利低下が景気のアクセルになるわけです。

➡ 長期金利は経済成長率と連動している

　金利の動きを長期でみると、経済成長と密接な関係にあります。

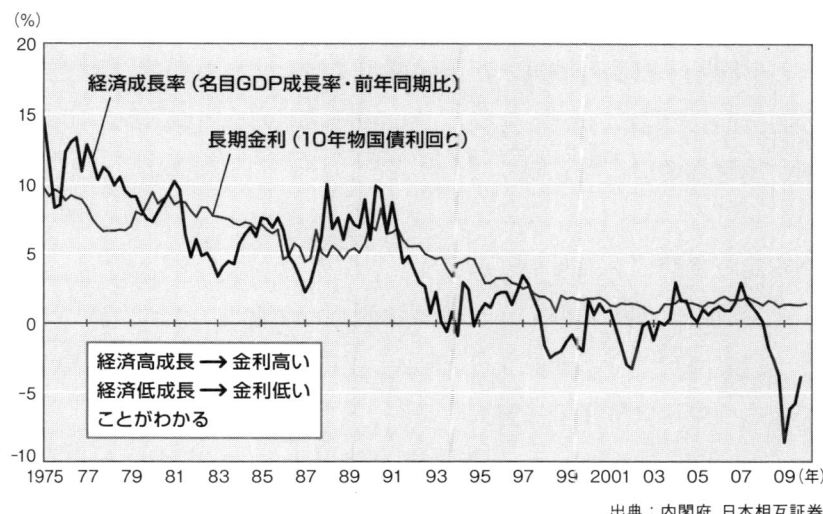

出典：内閣府、日本相互証券

　経済成長はGDP成長率で表します。

　まずGDP（国内総生産）とは、一定期間に国内で新たにつくられたモノ・サービスの付加価値（商品・サービスの売上から原材料費を引いた金額）の合計額のこと。国の経済規模を測るときの各国共通のモノサシとして使われます。GDPが増えれば増えるほど経済規模が大きくなったことを意味します。そしてGDP成長率とは、GDPが前年より増えたか減ったかを表す経済指標です。

　上の図は、GDP成長率（物価変動を調整しない名目ベース）と長期金利（10年物国債利回り）の推移です。**長期金利は、経済の高成長期には高く、低成長期には低くなる**ことがわかります。

　それでは、戦後の日本経済を3つの時期に分けて、経済成長と金利の関係をみてみましょう。

①高度経済成長期（1957～72年度）

日本経済は飛躍的に発展し、ＧＤＰ平均成長率は実質9.5％、名目15.5％と高いものでした。

この期間、国債市場はまだ整備されていなかったので（戦後日本の国債発行開始は1965年度）、当時の長期金利の代表格は10年物利付電信電話債（電々債）で、利回りは8～14％前後でした。

②安定成長期（1975～89年度）

1973年のオイルショック（原油価格が高騰した出来事）以降、日本経済は安定成長期に入りました。バブル経済が崩壊する直前までのＧＤＰ平均成長率は実質4.4％、名目7.6％でした。

この期間、長期金利（10年物国債利回り）の平均は7.1％と、名目ＧＤＰの伸び率にだいたい沿っています。

③低成長期（1991～2009年度）

1990年のバブル経済崩壊後、日本は長期にわたる低成長期に入りました。ＧＤＰ平均成長率は実質1.0％、名目0.5％とごくわずかです。

この期間の長期金利の平均は2.5％です。

しかし、期間を変えて2001～2009年度の平均でみると、たったの1.4％です。この10年間の長期金利は2％をほとんど超えられず、市場では「**2％の壁**」と呼ばれています。

当時の小泉純一郎内閣は、デフレ脱却の目安として「名目ＧＤＰ2％成長」を掲げましたが、さっぱり実現しませんでした。**長期金利が2％の壁を超えられないのも、低迷するＧＤＰ成長率と連動しているからなのです。**

物価の上昇、下落はどう影響してくる?

物価上昇と金利上昇の関係を理解すれば、両者の変動によってお金の価値がどう変化するかがわかる。

→ 物価が上昇すると金利が上がる

物価(モノ・サービスの値段)と金利は、以下のような"運命共同体"の関係にあります。

- ・物価が上昇する→金利が上昇する
- ・物価が下落する→金利が低下する

①物価が上昇してインフレの気配が出てきた場合

物価が上がる気配をみせると、企業も個人も「値段が上がる前に早めにモノを買っておこう」と思います。買いだめですね。

たとえば、アルミ製品をつくっている企業は、安いうちに原材料のアルミをなるべく多く仕入れておこうとします。また、テレビやクルマの購入を計画していた個人は、計画を前倒しして、預貯金を取り崩してでも、安いうちに買おうとします。

この結果、モノ・サービスの売上げが伸び、企業は銀行からお金を借入れ、生産・販売活動費や設備投資費用などを増やしてもっと儲けようとします。

お金の需要が増えるわけですから、金利は上昇します。

②物価がどんどん下落してデフレになった場合

　誰だって、「これからもっと値段が安くなるのに、高いときに買うのはバカらしい」と思うでしょう。そこで個人も企業も、今はお金を預貯金に回して、値段が下がったら買おうと考えます。

　すると、モノ・サービスは売れなくなって収益は減るので、企業は生産・販売活動費や設備投資費用などを削るようになります。

お金の需要が減るわけですから、金利は低下します。

➡ 金利の本当の価値は実質金利で考えよう

　「昨年2％だった定期預金の金利が3％に上昇！」というニュースが出たとします。預金者には一見ありがたいようにみえますが、本当にそうかは、物価上昇率（インフレ率）も併せて考えないと判断できません。

　私たちが普段利用している預金や住宅ローンなどの金利は、「**名目金利**」といいます。たとえば、定期預金（預入期間1年）の金利3％は名目金利です。

　これに対して、物価上昇率（消費者物価上昇率）も加味した金利が「**実質金利**」です。金利上昇が本当にありがたいかは、実質金利をみて判断するのです。以下は簡単な実質金利の計算式です。

名目金利－物価上昇率＝実質金利

➡ 物価が上がっている場合はどうなる？

　名目金利と物価上昇率のどちらが高いかは、私たちの生活にとっ

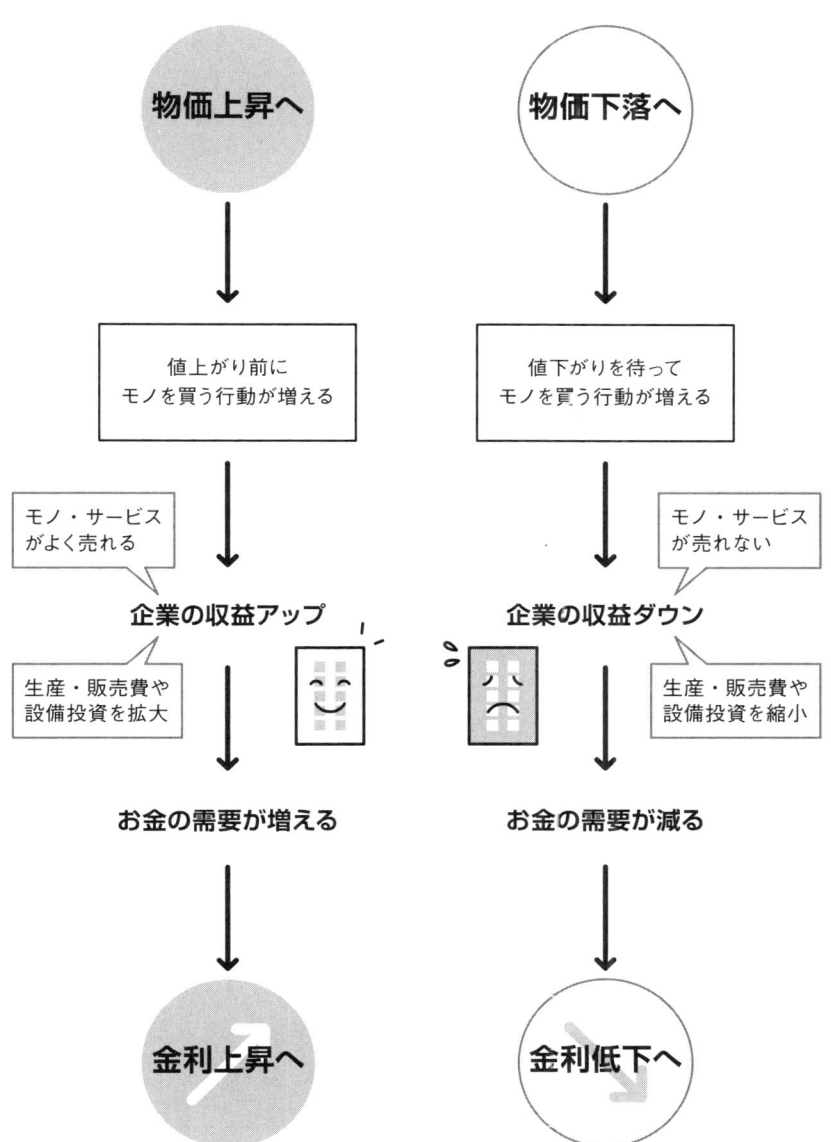

てとても重要です。まず、物価上昇（物価上昇率がプラス）の場合からみてみます。

①名目金利が物価上昇率より高い場合

　定期預金（預入期間1年）の金利が5％、物価上昇率が3％とします。実質金利は、

名目金利5％－物価上昇率3％＝2％

　今100万円のクルマは1年後、103万円に値上がりします。同時期、金利5％の定期預金（預入期間1年）に100万円を預けると、1年後に105万円受け取れます（税金考慮せず。以下同じ）。
　今クルマを買ったらお金は残りませんが、定期預金が満期を迎える1年後には103万円に値上がりしたクルマを買っても、財布には2万円残ります。1年間我慢すれば得するのです。
　このように、名目金利が物価上昇率を上回っている場合、預金したお金は実質的に増えるのです。

②名目金利が物価上昇率より低い場合

　物価上昇率は先ほどと同じ3％のままで、名目金利が先ほどより低い1％だったとしたら、実質金利は、

名目金利1％－物価上昇率3％＝▲2％

　金利1％の定期預金（預入期間1年）に100万円を預けても、1年後に受け取れるお金は101万円。103万円に値上がりしたクルマは買えなくなります。

名目金利が物価上昇率より高い場合

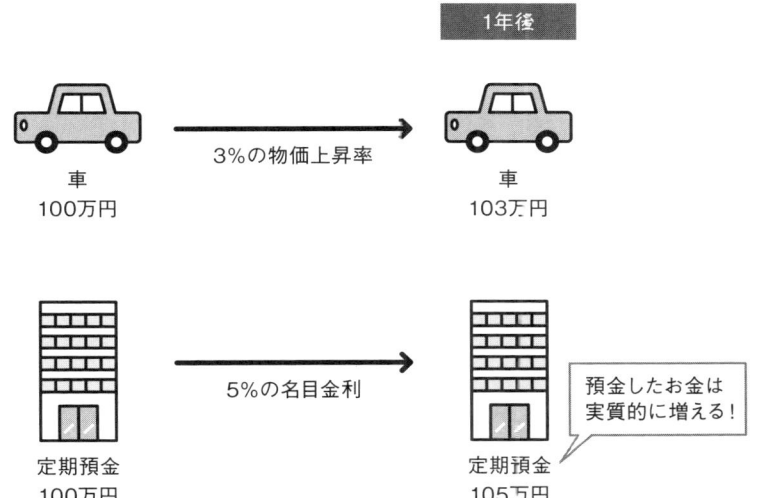

名目金利が物価上昇率より低い場合

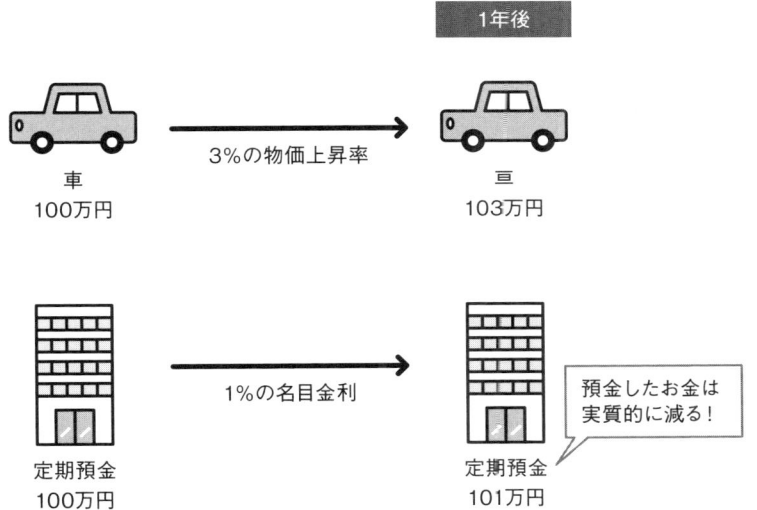

このように、名目金利が物価上昇率を下回っている場合、預金したお金は実質的に減るのです。
　一般に、景気が悪化しているとき、名目金利は低下しやすくなります。景気悪化とインフレが共存している状態は「**スタグフレーション**」といい、とても悪い経済状態です。

➡ 物価上昇率がマイナスの場合はどうなる？

　次に、物価下落（物価上昇率がマイナス）の場合を考えてみます。
　名目金利が1％、物価上昇率が▲2％とすると、実質金利は、

名目金利1％－物価上昇率▲2％＝3％

　いま100万円のクルマは1年後、98万円に値下がりします。同じ時期に預金すれば、見た目は1％の金利ですが、実質的には3％の預金金利と同じ価値があることになります。

　物価上昇率のマイナスが続いている状態を「**デフレ**」といいます。物価が下がると、同じお金でより多くのモノ・サービスを利用できるようになり、お金の価値（購買力）は実質的に高まります。
　日本政府は2009年11月、日本経済は「緩やかなデフレ状況にある」と表明し、デフレを宣言しました。消費者物価がマイナスなのですから、当然、実質金利が名目金利よりも高くなっています。一般人の感覚からすれば、「給料は上がらないが、物価が安いから、家計は助かる」と感じている人も少なくないでしょう。
　しかしデフレは、経済学の観点からみれば、決して喜ばしい状態ではなく、むしろ避けるべき状態です。なぜなら、企業の収益が悪

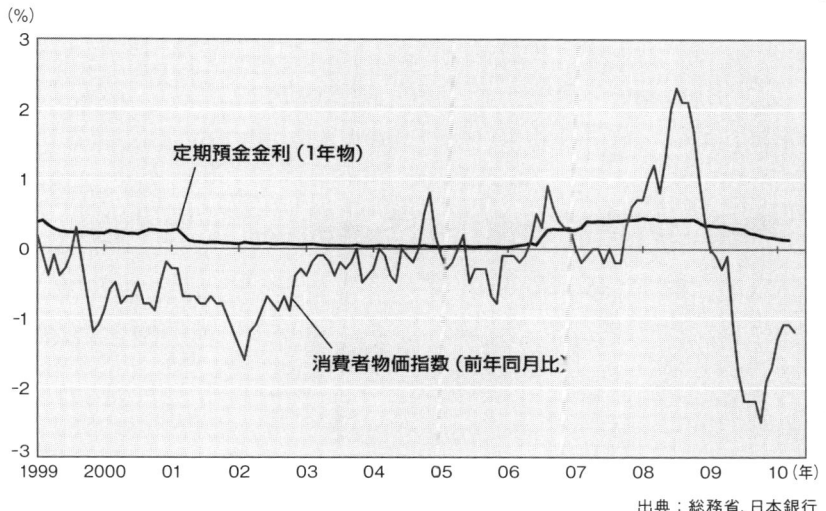

化し、借金の負担増大などにつながりやすいからです。

また、現在のようにデフレで名目金利がゼロ近辺にあると、日本銀行(日銀)は利下げをしようにも、金利をゼロまでしか下げられないため(「**名目金利のゼロ制約**」と呼ぶ)、金融政策で景気や物価を刺激することが難しくなってしまうからです。

大きな視野からみれば、結局、**デフレは企業の収益悪化を通じて、一般の人々の生活に悪影響を及ぼす要因**だと、理解しておくべきでしょう。

➡ 物価上昇率はマイナス、預金金利はプラスの理由

最後に、預金金利と物価上昇率の関係を説明しましょう。上の図で近年の状況をみてみると、ほとんどの期間で預金金利(定期預金金利)がインフレ率(消費者物価指数)を上回っています。

理由は、先に述べた「名目金利のゼロ制約」です。現実に、日銀がデフレに対応して金利をマイナスに下げ、預金金利もマイナスになる（預金すると元本が減っていく）ことはありえないからです。
　１万円札を現金のままもっていて、預金金利を得なくても、物価が下落していけば、実質金利はプラスなので得するという話です。

▶ 物価上昇時は預金金利も連動して上昇する

　現在の日本は、景気が低迷しているにもかかわらず、世の中に出回る１万円札は増え続けています。その理由は、預金金利があまりにも低いので、預けるのが面倒だといって現金のまま保有されているお金（タンス預金）が多いからだという見方が有力です。
　「将来もし、日本経済がインフレに転換したら、預けたお金が減ってしまうおそれがある」と心配する人がいるかもしれません。
　しかし、その心配はあまり意味がないでしょう。先に述べたように、インフレ率が上がれば、それに対応して金利も上がるからです。
　現在、私はまったく想定していませんが、もし「物価の番人」である日銀が、インフレが急速に進むと判断した場合には、果敢に政策金利を引き上げるでしょう。預金金利もその動きに連動して上昇していくことになるでしょう。

　ところで、消費者物価指数は、一定のルールに沿って割り切って作成されている統計で、さまざまな誤差がつきものです。統計の改定も定期的に行われています。
　ですから、物価上昇率が１％以内の小幅で上昇・下落をして、実質金利が動いたとしても、一喜一憂する必要はないでしょう。

金融政策はどう作用する?

世の中の金利のうち、とくに短期金利は、日本銀行の金融政策に沿って動いている。

→ 日銀の利下げ・利上げはとても重要

　景気が適度な成長ペースを超えてどんどん良くなると、インフレ(物価上昇)率が高くなるおそれが強まります。

　逆に、景気が後退したままどんどん悪くなると、デフレ(物価下落)が深刻になっていきます。

　つまり、景気が良くても悪くても、一定の時間差をおいて、物価(消費者物価)の上昇や下落につながります。「過ぎたるは及ばざるがごとし」というように、**景気が上がるのも下がるのも、行きすぎはよくない**のです。

　「景気の行きすぎ」を押さえるために、日本の中央銀行である「**日本銀行(日銀)**」は、「**金融政策**」を運営しています。

　具体的には70ページで説明したように、将来の景気と物価の見通しなどを念頭におきながら、「**政策金利**」を引き上げたり(**利上げ**)、引き下げたり(**利下げ**)します。

　利上げ・利下げは、預金金利、短期貸付金利を上下に動かし、長期金利にも一定の影響を及ぼします。

以上のように日銀は、景気と物価が将来にわたって安定した状態を保てるように、以下のような金融政策を行います。

①**インフレ（好景気）のとき**
「**金融引き締め**」を行います。金融引き締めとは、利上げをして金利を上昇させ、世の中の資金需要を減らすことです。資金需要が減ると、通貨供給量（世の中に出回るお金の量）は減ります。

②**デフレ（不景気）のとき**
「**金融緩和**」を行います。金融緩和とは、利下げをして金利を低下させ、世の中の資金需要を増やすことです。資金需要が増えると、通貨供給量は増えます。

➡資金供給オペと資金吸収オペで金利を調節する

　日銀の利上げ・利下げは、「**無担保コール翌日物金利**」の誘導目標を上げ下げすることです。

　ただ単純に「利上げ・利下げを決めました」とアナウンスするだけではなく、金融市場（→P55）に資金供給したり、逆に資金吸収したりする、以下の「**公開市場操作（オペレーション）**」を行っているのです。

・市場への資金供給を減らす→市場で金利が上がる
・市場への資金供給を増やす→市場で金利が下がる

　日銀は市場の需給バランスを調節することで、時々刻々取引されている無担保コール翌日物の金利水準を、日銀の目標水準にできるだけ近づけようとしているのです。

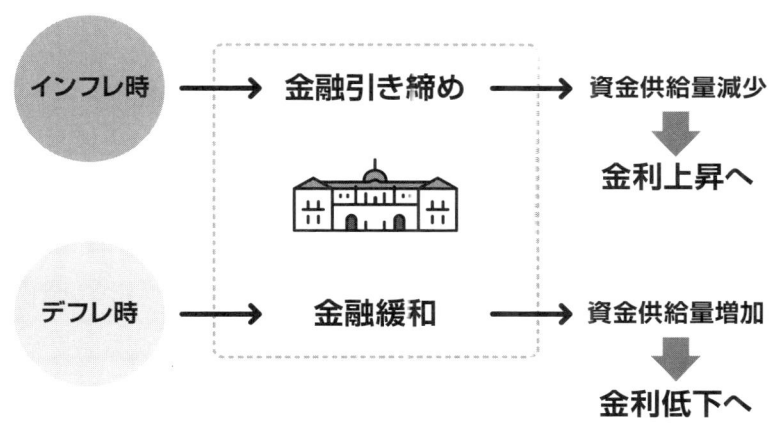

　現在行われている資金供給オペレーション（オペ）には以下の4つがあります。

①共通担保オペ
　オペの主力です。日銀が「適格」と認める国債、地方債、社債などを根担保（担保の一種）として、資金供給します。

②国債買い切りオペ
　日銀券（お札のこと）発行残高を上限に、日銀が長期国債などを買うことで、資金供給します。

③国債買い現先オペ
　国債を、売り戻し（買った債券を再び売ること）条件付きで日銀が買うことで、資金供給します。

④国庫短期証券買い切りオペ
　国庫短期証券（国債の一種→P75）を日銀が買い入れて、資金

供給します。

　なお、「**ＣＰ買い現先オペ**」という、金融機関が保有するＣＰ(企業の発行する短期社債)を、売り戻し条件付きで日銀が買うことで資金供給するオペもありますが、日銀はその実行を休止しています。

　資金供給オペの場合、日銀は、日銀内にある民間銀行の当座預金口座に資金を振り込みます。
　民間銀行は、互いに資金を融通し合うインターバンク市場（→Ｐ58）でお金の過不足を調整していますが、日銀からお金が入ったぶん、インターバンク市場でお金を借りる必要がなくなります。その結果、市場で金利は下がりやすくなるというわけです。

　一方、現在行われている資金吸収オペは以下の2つです。
①**手形売り出しオペ**
　日銀が手形(将来の特定期日に特定金額を支払う約束をした証券)を振り出す（売る）ことで、資金吸収します。
②**国債売り現先オペ**
　国債を、買い戻し（売った債券を再び買うこと）条件付きで日銀が売ることで、資金吸収します。

　資金吸収オペの場合、民間銀行は、日銀内にある民間銀行の当座預金口座から日銀へ資金を振り込みます。
　当座預金残高が少なくなったぶん、民間銀行はインターバンク市場からお金を借りる必要が出てきます。その結果、市場で金利は上がりやすくなるというわけです。

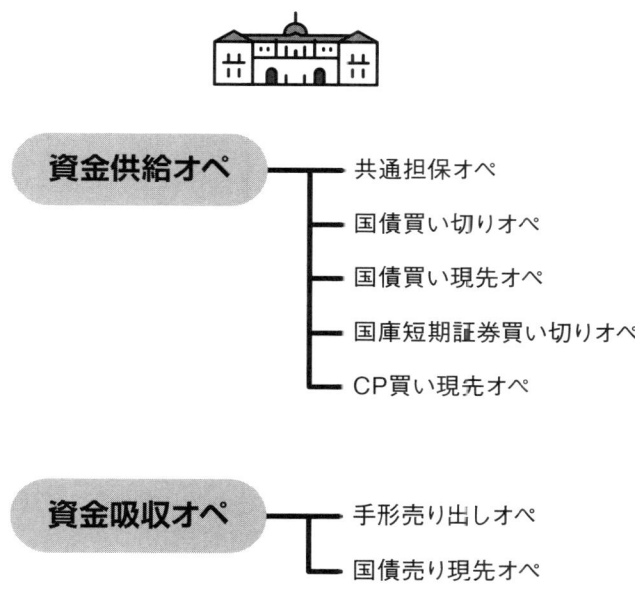

➡ 公定歩合の性格は正反対になった

　85ページで説明したように、公定歩合は現在、「基準割引率および基準貸付利率」に名称変更しています。もはや民間銀行が公定歩合の金利で日銀からお金を借りることはまれです。

　現在の金利水準は0.3％。市場金利の水準より高めです。なぜなら、金融市場で資金を借りられなかった金融機関に対して、日銀が高めの金利で貸出す「一種の罰則金利」だからです。

　以前の公定歩合は、市場金利よりも低い水準に設定され、民間銀行に対する「一種の補助金」の性格を帯びていました。銀行にとって、まさに「天国から地獄」の変化ですね。

➡ 日銀当座預金に「死に金」が積み上がっている

　現在の日銀は、金融市場にお金を大量に供給して、無担保コール翌日物金利を0.1％近辺に張り付かせています。つまり、銀行にとって、お金をとても借りやすい状態で、市場の需給バランスは「カネ余り」の状態が続いているわけです。

　しかし、それによって銀行が、企業や家計への貸出量を増やす保証はどこにもありません。その理由は大きく2つあります。

①不良債権の問題

　お金が余っているからといって、銀行はむやみに信用力の低い貸出先にお金を貸しません。返済が滞ったり、貸し倒れになれば、貸出金は「**不良債権**」になってしまい、銀行経営を圧迫するからです。

②資金需要が低調

　そもそも景気が悪いので、「お金を借りたい」という企業や家計は少ないのです。資金需要が低い以上、民間銀行の貸出しは伸びません。この状態を経済学では「信用創造が活発でない」といいます。

　結果として、日銀が市場に大量の資金供給を続けても、民間銀行の余剰資金は行き場のないまま、日銀の当座預金に「超過準備」として放置されます。いわば、「死に金」が、どんどん積み上がっている状態になってしまっているのです。

➡ 1991年以降、預金準備率操作は行われていない

　中央銀行が行う金融政策には、公開市場操作のほかに、「**預金準備率操作**」があります。

民間銀行は、預かっている預金の一定の率以上の金額を、日銀内の当座預金口座に預け入れることが義務づけられています。
　この義務のことを「**準備預金制度**」といい、一定の率のことを「**預金準備率**」といいます。
　預金準備率操作とは、日銀が預金準備率を上げたり下げたりすることで、以下のような効果を生みます。

> ・預金準備率を上げる→民間銀行が市中に貸出す資金量が減る
> ・預金準備率を下げる→民間銀行が市中に貸出す資金量が増える

　民間銀行が預け入れる最低金額を「**法定準備（所要準備）**」といいます。たとえば、ある銀行について調べると、預金残高が2兆5000億円強の場合、1.2％（約300億円）となります。

　しかし、日銀の預金準備率操作が行われたのは、1991年10月が最後で、現在では、金融政策の主な手段から完全に外れています。
　その理由は1990年代以降、日本経済が長期低迷期に入り、0％近くまで利下げされて、金融緩和がほぼ限界に達しているからです。つまり、現在の日本では、利下げをして世の中の資金需要を増やすという方法自体が、効果を失っているのです。
　民間銀行は近年ずっと、法定準備を上回る金額を日銀内の当座預金口座に預けています（超過準備）。これは、「**銀行からお金を借りたい」という資金需要がとても弱い**ことを意味しています。
　2008年9月のリーマン・ショック以降、米国やユーロ圏でも超過準備の状態が続いています。預金準備率の操作を最近行っているのは、中国やブラジルといった新興経済諸国に限られています。

05 財政政策でどのように動く?

財政政策が拡張か緊縮か、国債が増発されるかどうかで、長期金利が動く。

→ 財政政策の拡張・緊縮と長期金利の関係

「**財政**」は金利に大きな影響を及ぼします。

まず、国が国民から徴収した税金は、「年金、医療などの社会保障」「教育」「道路の整備や災害復旧などの公共事業」「防衛」などの使い道があります。

財政とは、政府が税金を使って、このような国民生活に役立つさまざまなサービスを行う活動のことを指します。

「**財政政策**」とは、国や地方公共団体という広い意味での政府が、「財政をどのように舵取りしていくのか」という中身のことです。

国の経済全体に影響を及ぼす政策のことを「マクロ経済政策」といいます。通常は、①**中央銀行が行う金融政策**、②**政府が行う財政政策**の2種類に分かれます(為替政策をつけ加える場合もあります)。

70ページで、①の日本銀行(日銀)の金融政策は、とくに短期金利に強い影響を及ぼすと説明しました。

一方で、②の政府の財政政策は、どちらかといえば、長期金利への影響が大きいという特徴があります。

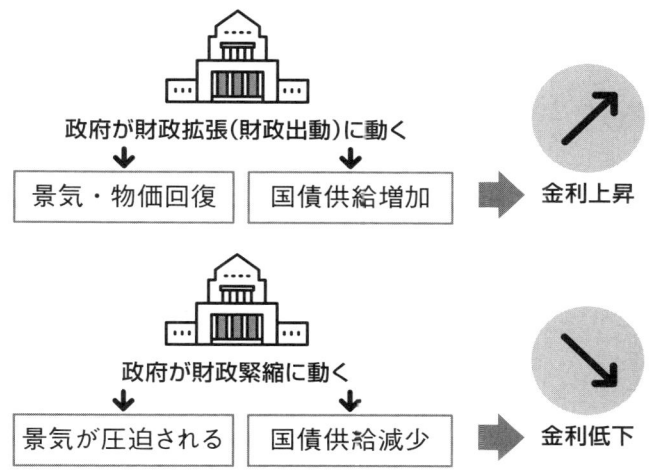

財政政策と金利の関係

 なぜなら、**国債の発行方針は、国の財政政策で決まるから**です。国債の利回り（→P78）は、長期金利の指標になっています。

 また、国債の利回りに影響を与えるということは、債券全般の需給バランスにも影響を与えることにつながるので、**財政政策は、長期金利全体に影響を及ぼしている**といえます。

 それだけではなく、財政政策は、将来の景気・物価にも影響を与えます。なぜなら、たとえば、景気が将来しっかり回復するような財政政策が打たれた場合、市場は将来の好景気を予想して、長期金利は上昇するからです（景気と金利の関係→P114）。

→ 財政政策が拡張方向で運営された場合は？

 財政政策を「**財政拡張**」（もしくは財政出動）と、「**財政緊縮**」の2パターンに分けて金利の動きを説明します。

まず、不景気なので、政府が景気対策として「財政出動」するか「財政拡張」をするケースから考えてみましょう。

　財政出動とは、歳出（支出）規模を大きくしたり、減税をしたりして、景気を刺激して上向かせようとすることです。

　財政拡張とは、財政赤字拡大をためらわずに、財政政策を積極的に活用しようとすることで、財政出動よりも広い概念です。

　しかし、不景気のときは国の税収が減るので、国家予算は当初見込まれていた歳入金額を下回ってしまいます。

　なぜなら、企業が儲からないので法人税の収入が減り、労働者の賃金も減るので所得税の収入が減るからです。さらに、経済活動が活発ではないので、消費税の収入も減ります。

　このように税収が減るのに、お金のかかる経済対策をするのですから、国債の発行を増やして財源をまかなうしかありません。

　すると、**景気・物価の回復が予想され、同時に国債の供給が増えることから、国債の利回りが上昇し、長期金利全体も上昇します。**

➡ 財政政策が緊縮方向で運営された場合は？

　次に、政府が財政赤字を減らす「財政健全化（財政再建）」をするために、「財政緊縮」を行うケースを考えてみましょう。

　財政緊縮とは、国家予算の歳出規模を小さくしたり、増税をしたりして財政赤字を小さくしようとすることです。

　財政赤字の幅は縮小し、その年度の新たな国債発行額は、前年度よりも少なくなります。

　すると、景気が圧迫され、同時に国債の供給が減ることから国債の利回りは低下し、長期金利も低下します。

06 為替相場の変動はどう作用する?

為替相場の変動は日本の景気や物価を動かし、金利に影響を及ぼす。

→ 為替相場は日々変動している

「**為替相場**」の動きも、金利を動かす要因になってきます。

為替相場とは、円とドルなど異なる2つの通貨の交換比率のことです。たとえばニュースで「本日の東京外国為替市場の円相場の終値は1ドル=90円でした」と報道されれば、東京市場ではその日、米国の通貨1ドルが、日本の通貨90円で最終的に取引されたと考えることができます。

為替相場の変動が金利を動かす具体的なしくみを説明する前に、代表的な為替相場である「ドル/円レート(円と米国ドルの交換比率)」の意味について説明しておきます。

ニュースなどでいわれる円高・円安とは、円の価値が上下するという意味で、次のような関係にあります。

・円の価値が上がる→ドルの価値が下がる(円高・ドル安)
・円の価値が下がる→ドルの価値が上がる(円安・ドル高)

ただし、「円高になった」「円安になった」といっても、いくらに

なったら円高で、いくらになったら円安かが決まっているわけではありません。あくまでも、ある時点から比べて円の価値が高くなったか安くなったか、ということです。

たとえば、1ドル＝120円の為替レートが100円に動いたときは「円高になった」といい、1ドル＝80円の為替レートが100円に動いたときは「円安になった」といいます。

同じ1ドル＝100円でも、それが円高か円安かはそれまでの為替レートがいくらだったかによって変わってくるわけです。

▶ 為替相場が物価を動かし、金利に影響を与える

日本経済は、成長の源泉を輸出に大きく頼っているため、為替相場の変動が、景気（→P114）の動向に大きな影響を及ぼします。

また、日本は鉱物資源に恵まれてないため、海外から原油などの原材料や各種製品を大量に輸入しています。そのためやはり、為替相場の変動が、国内の物価に大きな影響を及ぼします。

119ページで、物価と金利は密接な関係にあると説明しました。このことから、為替相場は金利を動かす大きな要因となります。

円高と円安に分けて、金利がどうなるかを説明します。
①円高に動いたとき
円高になれば、原油、天然ガス、鉄鉱石、石炭、とうもろこし、小麦など、製品をつくるために輸入している原材料の価格も安くなります。原材料コストが安くなれば、日本国内の製品価格が安くなって、物価は下がります。物価が下がると金利も下がりますから、

円高→物価の下落→金利低下

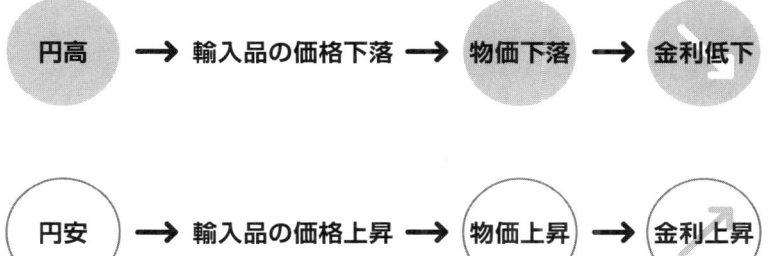

現在のようなデフレ（物価下落）局面では、円高で輸入品の価格が下がると、国内の製品はそれに対抗するため、強い値下げ圧力を受けます。

また、円高はデフレ圧力が増すことを意味します。それを食い止めるために、日本銀行が新たな金融緩和策（→P128）を行うのではないか、という予想が金融市場で強まると、金利が低下する要因になってきます。

②円安に動いたとき

輸入品が値上がりすると、追随して値上げする国内商品も出てきます。また、輸入している原材料の価格が高くなって、日本国内の製品価格も高くなり、物価は上がります。物価が上がると金利も上がりますから、

円安→物価の上昇→金利上昇

→ 金利が為替相場に与える影響は？

逆に、金利の変動も為替相場に影響を与えます。

米国と日本の関係で説明します。

たとえば、米国の金利が上昇（または日本の金利が低下）して、日米間の金利差が広がると、日本の金融商品よりも、米国の金融商品のほうが有利になります。

誰しも、大切なお金をより有利な条件で運用したいですから、多くの投資家が円をドルに換えて、米国の金融商品を購入するようになります。その結果、ドルが買われ、円安・ドル高になります。

一方で、日本の金利が上昇（または米国の金利が低下）して、日米間の金利差が広がると、米国の金融商品よりも、日本の金融商品のほうが有利になります。

多くの投資家がドルを円に換えて、日本の金融商品を購入するようになります。その結果、円が買われ、円高・ドル安になります。

したがって、金利の変動が為替相場に与える影響は以下のようになります。

・米国の金利上昇（または日本の金利低下）→円安・ドル高
・日本の金利上昇（または米国の金利低下）→円高・ドル安

ただし、為替相場はこうした国内と外国の金利差（内外金利差）だけでなく、関係各国の政治・経済状況や貿易収支、株価など、さまざまな要因で動いています。このため、一般に内外金利差が広がると、金利が高い国の通貨が買われる要因となりますが、必ずしも為替相場がその通りに動き続けるとはかぎりません。

07 株式相場が上昇・下落するとどうなる?

株価が上がると債券が売られやすく(金利上昇)、株価が下がると債券が買われやすい(金利低下)。

→ 株価と金利は相関関係にある

「**株式相場**」の動きは、金利を動かす要因になります。

142ページの図をみると、長期金利の指標である10年物国債の利回りと、株価指標のTOPIX(トピックス)の動きが、ほぼ同じラインを描いていることがわかります。

ちなみにTOPIXとは、東京証券取引所第一部上場の全銘柄を対象にした代表的な株価指標で、数値が高いほど相場が好調なことを示します。

このグラフから、株価と金利の動きには、おおよそ以下の関係があるといえます。

・株価上昇＝金利上昇
・株価下落＝金利低下

なぜそうなるのかを考えてみます。

①**株価が上昇した場合**

株価がどんどん上がりそうな気配が出てきたら、あなたは預金や

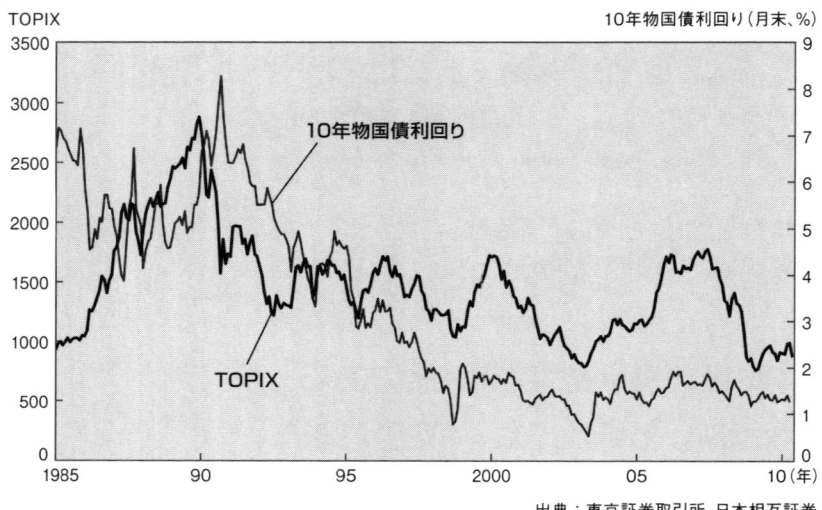

債券などを現金化し、さらに株を買うでしょう。

多くの人が同じように動いて、債券を売りたいという人が増えると、債券価格は下がり、利回りは上がります（債券の価格と利回りの関係→P78）。

②株価が下落した場合

逆のパターンで、あなたがある上場企業の株をもっていて、その株価が下がり始めたとします。

この先も下がりそうな気配が出てきたら、もっている株を売って現金化し、預金や債券などに回そうとするでしょう。

多くの人が同じように動いて、債券を買いたいという人が増えると、債券価格は上がり、利回りが下がります。

TOPIXではなく日経平均株価でも、以上の流れは同じです。

株価は、景気の先行指標（将来の方向性を示す指標）とされています。株価の上昇・下落は、どういう景気の先行きを示しているのか説明します。

①株価が上昇した場合

　将来の企業の売上げや収益の増加を市場が先読みしているシグナルです。企業の業績が良くなれば、私たちの給料やボーナスは増えることになり、個人消費も活発になります。すると、ますます企業の業績は伸びるという好循環になっていきます。

　日本銀行（日銀）が政策金利引き上げに動くだろうという見方が市場で強まりやすくなり、これが市場の金利上昇をさらに促します。

　先に述べたように、株価上昇は、企業の売上げや収益の将来の増加を示唆しています。つまり、株価上昇は、景気回復のシグナルといえます。ただし、景気が良くなりすぎると、インフレに陥る可能性も出てきます。

②株価が下落した場合

　将来の企業の売上げや収益の減少を市場が警告しているシグナルです。企業の業績が悪ければ、私たちの給料やボーナスは増えず、財布のヒモは固くなります。すると、個人消費が悪くなり、ますます企業の業績は落ち込むという悪循環になっていきます。

　日銀が政策金利引き下げに動くだろうという見方が市場で強まりやすくなり、これが市場の金利低下をさらに促します。

　なお、「株から債券へのシフト」とマスコミはよく書きます。しかし実際には、株を売る投資家と債券を買う投資家は別々であることが少なくありません。

08 米国の金融政策が日本の金利を動かす

「世界の中央銀行」ともいわれる米国の中央銀行、FRBの金融政策も、日本の金利に影響を与える。

→ 各国経済は米国を中心につながっている

ここでは、**米国の金融政策**が、日本経済と国内の金利にも影響を与えることを説明します。

まず、各国には「**中央銀行**」があり、自国の金利を適正な水準にコントロールし、物価や金融システムの安定に日々努めています。各国の中央銀行を紹介すると、日本は「日本銀行」、米国は「連邦準備制度理事会（FRB）」、ユーロ圏は「欧州中央銀行(ECB)」、英国は「イングランド銀行（BOE）」です（各国の中央銀行→Part6）。

なかでもFRBは、米国の中央銀行であるだけにとどまらず、「世界の中央銀行」ともいわれるほど大きな影響力をもっています。

なぜなら、世界経済は、米国経済をコア（核）または中心点として、先進国から中国やブラジル、インドなどの新興経済諸国まで、世界中の国々の経済が、モノとマネー双方の流れによってつながっているからです。

よってFRBの金融政策は、米国内にとどまらず、世界中の国々の経済に影響を与えるのです。

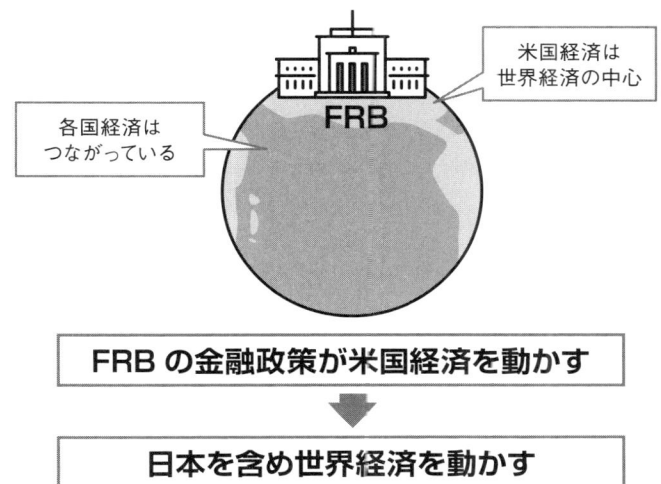

　2008年9月、米国で「リーマン・ショック」と呼ばれる金融危機が発生しました。その後、先進諸国・新興経済諸国の景気は、ドミノ倒しのように急激に悪化しました。世界経済の構造は、1つの輪でつながっていることが再確認されたわけです。

　リーマン・ショック前までは、新興経済諸国の経済はもはや、米国経済から切り離されているとする「デカップリング論」が存在していました。米国経済が悪化しても、それにつられて新興経済諸国の経済は悪化しないという説です。

　しかし、デカップリング論は、金融市場で否定されました。

→ 米国が主導して協調利下げが行われた

　リーマン・ショック後、FRBが主導するかたちで「**協調利下げ**」が行われました（利下げ→P127）。

協調利下げとは、各国の中央銀行がお互いに連絡を取り合い、2つ以上の中央銀行がほぼ同じタイミングで政策金利を引き下げることです。

　2008年10月8日に、FRB、ECB、BOE、スイス国立銀行（スイスの中央銀行）、カナダ中央銀行、スウェーデン中央銀行の6中央銀行は、そろって利下げに踏み切りました。利下げ幅はどの中央銀行も0.5％です。

　協調利下げが行われた理由は、米国発の金融危機が欧州にも波及して、世界中の国々の株価が急落し、世界の金融市場が大混乱したことに対応するためです。

　日銀も、やや遅れて10月31日に0.2％幅の利下げをしています。

▶ 今後のFRBの出方で世界経済が変わる

　米国の通貨ドルは、世界中の通貨の中で最も信頼度が高く、世界中で使われている「**基軸通貨**」です。金融政策を通じてドルの命運を握っているFRBの出方（とくに利上げの時期と幅）しだいで、世界経済は良くも悪くもなるといっても過言ではありません。

　米国で住宅バブルとクレジット（信用）バブルが崩壊してからまださほど時間がたっていません。米国経済はまだ"治療期間"あるいは"療養期間"にあると考えられます。

　そうした状況なので、FRBが無理に利上げして、米国経済の回復の動きを遅らせてしまうと、世界経済全体に大きな悪影響が及びかねません。

　米国の金利の動きは、為替相場を経由して日本の金利にも強い影響を与えています。

信用度合いで金利が変わってくる

金利は信用度合いに応じて加味される「リスクプレミアム」によって変わってくる。

➡ 信用度が低いとリスクプレミアムが高くなる

　銀行の貸出金利は、貸した相手から元金や利子がきちんと返ってくるかどうかという「**信用度合い**」で変わってきます。

　貸したお金が返ってこない可能性（**信用リスク**）が高くなるほど、金利は高くなりますが、その上乗せ分の金利は「**リスクプレミアム**」の一種です（ほかに価格変動リスク、財政リスク、流動性リスクなどのリスクプレミアムがあります）。

　たとえば、ある銀行が、優良企業A社に、短期プライムレートの3％で貸出していたとします。

　「**プライムレート**」とは、銀行の最優遇貸出金利のこと。期間1年以下のものを「**短期プライムレート（短プラ）**」、1年超の場合を「**長期プライムレート（長プラ）**」といいます。借りるほうからすれば、最も有利な借入金利という位置づけです。

　このとき、信用リスクの高い中小企業B社が、A社と同じ短期プライムレートで貸してほしいと頼んでも、銀行は「御社はちょっと信用度が低いからダメ」ということで断るでしょう。

でも、どうしてもお金を借りたいB社が「もっと高い金利を払うから、ぜひ貸してほしい」といい出したら、どうでしょうか。
　銀行も商売ですから、①一般的な金利水準よりも高い金利収入が得られる、②貸し倒れリスクの相対的な高さに見合った、高い金利水準が確保できる、という場合なら、貸出しに応じることがあるでしょう。
　その際の条件が、仮に短期プライムレートに2％上乗せした5％だとしたら、この上乗せした2％が「リスクプレミアム」というわけです。
　リスクプレミアムは、信用リスクが高まるほど大きくなり、貸出金利も上昇します。 逆に、**信用リスクが低くなるほど小さくなり、貸出金利は低下します。**
　現在、銀行貸出における短期プライムレートの出番は、以前よりも少なくなっています。とくに大企業向けの貸出しは、「**スプレッド貸出**」のシェアが上昇しています。
　スプレッド貸出とは、たとえばTIBOR（→P66）を基準にして、貸出先の信用度の高低に合わせたリスクプレミアムを加えて、貸出金利とする方式です。この場合のリスクプレミアムの決め方も、前述した説明と同じです。

➡ 期間や流動性でリスクプレミアムが変わる

　リスクプレミアムは、貸出す「期間」にも左右されます。
　今の世の中、1年先のことだってわからないのに、10年先ともなると、正直、雲をつかむような話ですね。銀行もお金を貸出す期間が長くなればなるほど、途中で何かトラブルが起きてお金を返してもらえなくなる可能性が高くなりますから、リスクプレミアムも

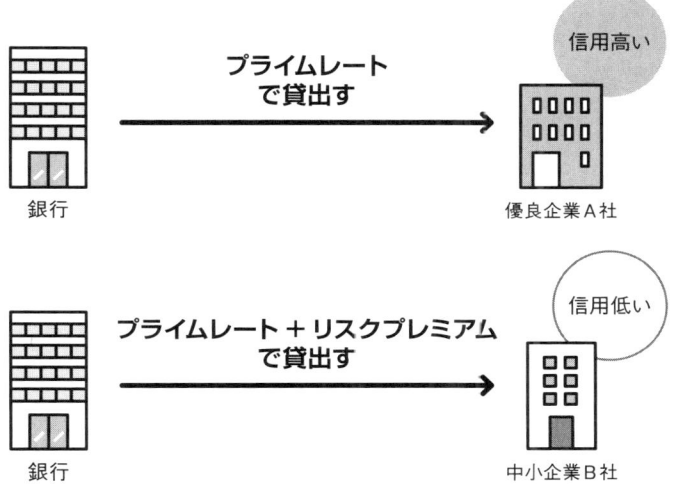

大きくなるわけです。

　また、債券の場合は、信用リスクと期間に加えて、「**流動性**」も関係してきます。流動性とは、市場での売買のしやすさのこと。売買しづらく、換金しづらいリスクを「**流動性リスク**」といいます。

　たとえば、投資家に人気のない債券は、買いたいという人が少ないため、不利な価格で売らざるを得なくなったり、売れなくなったりします。こうした流動性リスクの大きい債券は、そのぶんリスクプレミアムも高くなります。

　このようにリスクプレミアムは、信用リスクや期間、流動性リスクなどによって変わってきます。いい換えれば、**不確定要素が多くなるほど借りる金利は上がり、資金調達のコストは高くなる**というわけです。

10 格付け機関の評価で変わってくる

債券の信用度合いを評価する格付け機関の評価が、金利水準に反映される。

→ 債券のデフォルト・リスクを格付けでみる

「**格付け機関**」の評価は、金利を動かす要因になります。まず、格付け機関について説明します。

債券（→P47）の発行体が破綻すると、元本や利子が受け取れなくなる可能性があります。このリスクを「**デフォルト（債務不履行）・リスク**」といいます。

投資家は、「債券のデフォルト・リスクがどのくらいか」を判断する基準がなければ、国債や社債などに安心して投資できません。

そのため、格付け機関は、債券の安全度に関する情報を、アルファベットなどを用いたわかりやすい記号で提供しています。

このように格付け機関は、重要な役割を担っています。

代表的な会社は、米国の「**スタンダード・アンド・プアーズ（S＆P）**」「**ムーディーズ**」、米英の「**フィッチレーティングス**」、日本の「**格付投資情報センター（R＆I）**」「**日本格付研究所（JCR）**」などがあります。

各社とも、「発行体が債券の元本と利息を償還（満期）まで予定どおり支払えるかどうか」という見通しを、簡単な記号で評価して

格付け機関の格付け記号

	ムーディーズ	S&P
投資適格水準	Aaa	AAA
	Aa（1〜3）	AA（+, −）
	A（1〜3）	A（+, −）
	Baa（1〜3）	BBB（+, −）
投機的水準	Ba（1〜3）	BB（+, −）
	B（1〜3）	B（+, −）
	Caa（1〜3）	CCC（+, −）
	Ca	CC
		C
	C	D

信用度　高い ↔ 低い

投資適格水準　→　投資に適している
投機的水準　　→　投資リスクが高い

います。それでは、代表的な格付け機関であるＳ＆Ｐとムーディーズの格付けについて説明します（上の図）。

①Ｓ＆Ｐの格付け

まずＳ＆Ｐの長期債務（満期１年以上の債券のこと）格付け記号は、最も信用力が高い「ＡＡＡ」〜最も信用力が低い「Ｄ」まであります。

このうち「ＡＡ」〜「ＣＣＣ」は、「＋」と「−」をつけて、各３つずつに分かれます。たとえば「ＡＡ」格は、格付けが高い順に「ＡＡ＋」「ＡＡ」「ＡＡ−」になるということです。

評価は以下の２つのカテゴリーに大きく分かれます。

・「ＡＡＡ」〜「ＢＢＢ−」
「投資適格水準」で、投資に適しているという評価です。

・「ＢＢ＋」以下
「投機的水準」で、投資リスクが高いという評価です。
②ムーディーズの格付け
　長期債務についてのムーディーズの格付け記号は、最も信用力が高い「Ａaa」から最も信用力が低い「Ｃ」まであります。
　このうち「Ａa」〜「Ｃaa」は、「１」「２」「３」を加えて、さらに３つずつに分かれます。たとえば「Ａa」格は、格付けが高い順に「Ａa１」「Ａa２」「Ａa３」になるということです。
・「Ａaa」〜「Ｂaa３」
「投資適格水準」で投資に適しているという評価です。
・「Ｂa１」以下
「投機的水準」で、投資リスクが高いという評価です。

　両者の後のほうの「投機的水準」という評価の債券は、信用リスク（→Ｐ147）がかなり高い「ジャンク債」と呼ばれます。ジャンクとは英語でガラクタ、クズという意味です。
　ただし、ジャンク債を買う人がいないわけではありません。米国では日本と違って、ハイリスク・ハイリターン（高いリスクをとれば、高い利益が得られる）をねらう投資家が多く存在します。そこで、ジャンク債市場の取引量も十分にあるのです。
　このことから、信用力が低い企業でも、債券市場で資金調達する手段をもっているわけです。

　格付け機関は表記の仕方に違いはあるものの、どこも基本的には同じような格付けの段階を設定しています。
　また、国債や社債などの格付けには普通、その方向性についての

見通しを示した「**アウトルック**」が付記されています。

　たとえば、Ｓ＆Ｐのアウトルックは次の4種類があり、「長期格付けが中期的（通常6カ月〜2年間）にどの方向に動きそうかを示す」と定義されています。

①ポジティブ
　格付けが上方に向かう可能性を示します。
②ネガティブ
　格付けが下方に向かう可能性を示します。
③安定的
　格付けが安定的に推移しそうであることを示します。
④方向性不確定
　格付けが上方にも下方にも向かう可能性があることを示します。

→ 格付け機関の評価は絶対的なものではない

　債券の格付けは、投資家にとって貴重な情報源となります。しかし、それは絶対的なものではないことに注意が必要です。あくまでも、その格付け機関が示しているひとつの見解にすぎません。

　たとえば、ムーディーズのホームページをみると、「ムーディーズの長期債務格付けは、当初の満期が1年以上の債券の相対的な信用リスクに関する意見である」と書かれています。つまり、格付けは絶対的な評価ではない、と断っているのです。

　ある債券について、格付け機関ごとに評価水準が異なることも珍しくありません。

　また、その格付け評価に誰もが納得するわけではありません。たとえば、かつて日本国債がムーディーズによって「A2」まで格下げされたとき、日本の財務省が強く反論したケースがあります。

➡格付けで発行体の資金調達コストが変わる

　格付けは、発行体の資金調達コストである「リスクプレミアム」(→P147)を動かします。リスクプレミアムとは、前述した債券のデフォルト・リスクを考慮して決められた上乗せ金利のことです。
　債券の金利は、発行体の格付けによって以下のようになります。

・発行体の格付けが高い→リスクプレミアムが低い→金利が低い
・発行体の格付けが低い→リスクプレミアムが高い→金利が高い

　また、格付け機関は格付けを上下させますから、債券の金利は、

・格付けが下がる→リスクプレミアムが増える→金利上昇
・格付けが上がる→リスクプレミアムが減る→金利低下

　格付けの低い発行体は、債券の金利を高くしなければ、投資家が買ってくれません。よって資金調達コストは高くなります。
　逆に格付けが高い発行体は、債券の金利が低くても、投資家が買ってくれます。よって資金調達コストは低くなります。
　財務の健全性が高い優良企業は、手数料を払って格付けを取得しようとします。これを「**依頼格付け**」といいます。評価の高い格付けを得られれば、より安いコストでお金を調達できるからです。
　逆に、格付けを取得したくない企業でも、格付け機関が、その会社の格付けを公表することがあります。これを「**勝手格付け**」といいます。たとえば、重要度の高い発行体である国、銀行、保険会社などは、勝手格付けをされることがあります。

格付けが債券の金利に影響する

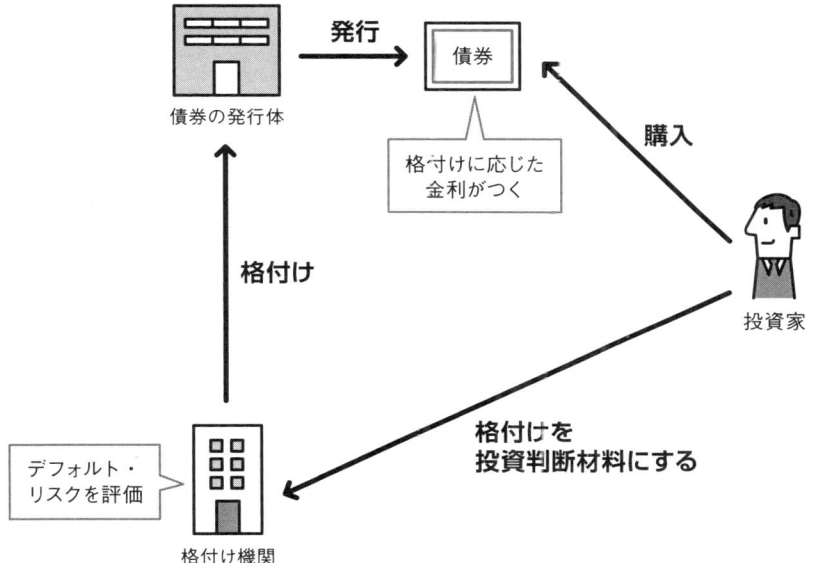

　格付けが下がると、金利に大きな影響を与えることがあります。

　年金基金のような機関投資家（→P170）は、投資対象となる債券の格付けの最低基準を決めている場合があります。

　また、中央銀行は、資金供給のための公開市場操作（→P128）の担保として受け入れる債券の格付けの最低基準を決めている場合があります。

　このことから、ある債券の格付けが下げられて、区切り目の水準を下回ってしまうと、急激に需要が減ってしまうことがあります。

　結果としてその債券はたくさん売られ、流通利回りが急上昇することになります（ギリシャ危機の事例→P98）。

Part 5

金利を動かす
プレーヤーたち

01 日本銀行が金利を動かす

日銀は10年以上にわたって超低金利政策を続けている。追加の金融緩和の手法を模索している苦しい立場。

➡ 「金融政策決定会合」で金融政策の方針が決まる

　70ページで、**日本銀行（日銀）**が公開市場操作によって無担保コール翌日物金利をコントロールしていることを説明しました。ここでは金融政策の動向についてより深く説明します。

　金融政策の方針や政策金利の水準を決めているのは、**「政策委員会・金融政策決定会合」**です。

　政策委員会のメンバーは日本銀行の総裁、副総裁2人、審議委員6人の計9人。9人が1票ずつ議決権をもち、多数決で政策方針を決定して、日本の金融政策の舵取りをしています。

　審議委員は、大学教授や民間企業の役員といった人たちから選ばれます。そして衆参両院の同意を得て内閣が任命し、日銀の常勤役員となります。任期は5年で、再任されることもあります。

　金融政策決定会合は原則として、
・月1回（4月と10月のみ2回）
・2日間（4月と10月の第2回や臨時会合は1日だけ）
討議を行い、次回会合までの金融政策の方針（金融市場調節方針）

日本銀行政策委員会のメンバー

	氏名	主な前職	任期
日本銀行総裁	白川方明	日本銀行副総裁	2008.4.9～2013.4.8
日本銀行副総裁	山口廣秀	日本銀行理事	2008.10.27～2013.3.19
	西村清彦	日本銀行政策委員会審議委員	2008.3.20～2013.3.19
審議委員	須田美矢子	学習院大学教授	2006.4.1～2011.3.31
	野田忠男	中央不動産代表取締役会長	2006.6.17～2011.6.16
	中村清次	商船三井フェリー代表取締役社長	2007.4.5～2012.4.4
	亀崎英敏	三菱商事代表取締役副社長執行役員	2007.4.5～2012.4.4
	宮尾龍蔵	神戸大学教授	2010.3.26～2015.3.25
	森本宜久（就任予定）	東京電力副社長	2010.7.1～2015.6.30

※2010年6月時点

を決めています。

　金融政策は政府の行う経済政策とも関係してくるため、内閣府と財務省の代表が政府からオブザーバーとして出席します。しかし投票する権利はなく、議決の延期を要請できる「議決延期請求権」だけが与えられています。

　会合では主に、以下のような内容が話し合われます。
- **金融市場調節の方針**（無担保コール翌日物金利の誘導目標など）
- **経済・金融に関する情勢分析**（景気・物価の現状判断と先行き見通し、主なリスク要因）
- **金融政策運営の基本的なスタンス**

　会合終了後ただちに、話し合われた内容、決定事項などを伝える「**声明文**」が公表されます。

➡ 景気を回復させようとした金融政策とその結果

それでは、近年の日銀の金融政策を振り返ってみます。

日本経済が長い景気低迷から脱却するよう、日銀はこの約10年間ほぼ一貫して、「**金融緩和**」(→P128) 政策をとってきました。

①ゼロ金利政策を導入

1999年2月12日の金融政策決定会合で、前例のない「**ゼロ金利政策**」が導入され、その後約1年6カ月間続きました。

その目的は、①デフレ（物価下落→P124）圧力の高まりを抑える、②景気の悪化に歯止めをかける、の2つです。

そのため豊富な資金供給を行い、政策金利（無担保コール翌日物金利→P70）をできるだけ低い水準に誘導しました。政策金利が0％に近い水準まで下がったので、「ゼロ金利政策」と呼ばれました。

②ゼロ金利政策の解除

2000年8月11日の金融政策決定会合で、「デフレ懸念の払拭が展望できるような情勢に至った」と判断され、ゼロ金利政策は解除されました。そして無担保コール翌日物金利の誘導目標は、0.25％に引き上げられました。

このとき政府は、「ゼロ金利政策を解除するのはまだ早い」として、ゼロ金利政策解除を次回会合まで延期することを求めたのですが、政策委員の多数決（8対1）で否決されました。

③ゼロ金利政策解除は失敗に終わる

ところが、IT関連企業の株価が根拠なく高騰したITバブルが米国や日本で相次いで崩壊し、日本経済は危機的な状況を迎えまし

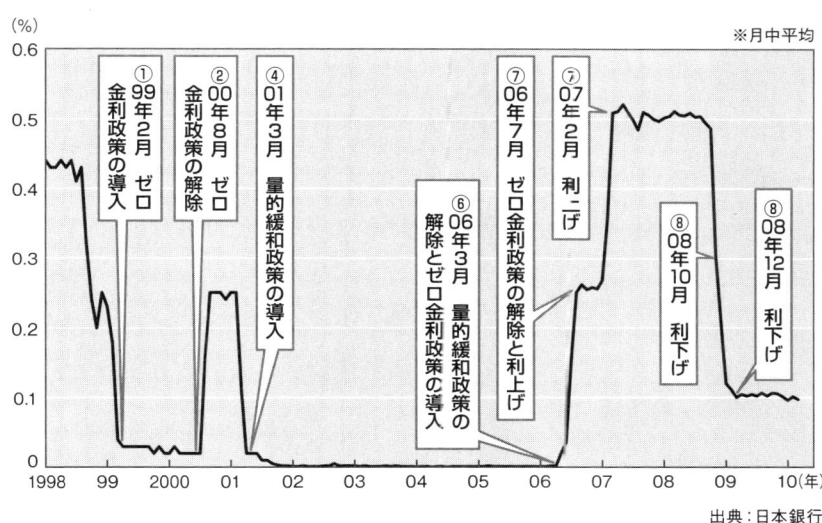

た。

　2001年3月には、政府が「戦後初めてのデフレ」を認めました。日本経済は景気が低迷し、物価が持続的に下落する本格的な不況の時代に入ったのです。

　結果的に、前年8月のゼロ金利政策の解除は、最悪のタイミングとなってしまいました。

④量的緩和の導入

　しかし日銀は、あからさまに「ゼロ金利解除の失敗」を認めたくありませんでした。そこで2001年3月19日の金融政策決定会合で、ゼロ金利政策に戻らずに、「**量的緩和政策**」が導入されました。

　量的緩和政策によって、金融政策の誘導目標は、これまでの無担保コール翌日物金利から、「**日銀の当座預金残高**」に変わりました。

量的緩和政策のしくみを説明すると、まず日銀が、資金供給オペを従来よりも大量に、長期間にわたって行います。すると、日銀内にある民間銀行の当座預金残高が増えます（公開市場操作→P128）。

　残高が増えたぶん、民間銀行が企業向けの貸出しに回せば、市場への資金供給量も増えるだろうというわけです。

　ところで、量的緩和政策後の無担保コール翌日物金利はどうなったのかといえば、０％近辺でした。

　この点ではゼロ金利政策と同じなので、市場では当時、「裏口からゼロ金利に戻った」と日銀の姿勢を揶揄するような声が出ていました。

　量的緩和政策のねらいとは、日銀が間接的に世の中への資金供給量を増やすことです。しかし現実には、金融システム不安は抑制したものの、景気回復への効果は出なかったというのが大方の専門家の評価です。

⑤量的緩和の拡大

　日銀は、量的緩和政策を続ける期限を、「消費者物価指数（生鮮食品を除く）の前年比上昇率が、安定的にゼロ％以上となるまで」と約束しました。

　政策に「時間軸」を設けたうえで、日銀はさらに当座預金の残高目標をどんどん増やしていき、市場への資金供給はジャブジャブの（大量にあふれかえる）状態になっていきました。

　導入当初の目標残高は、４兆円強だった当座預金残高を５兆円程度に増やすことでしたが、段階的に目標残高が引き上げられたおかげで、最終的には、「30〜35兆円程度」にまで膨らみました。

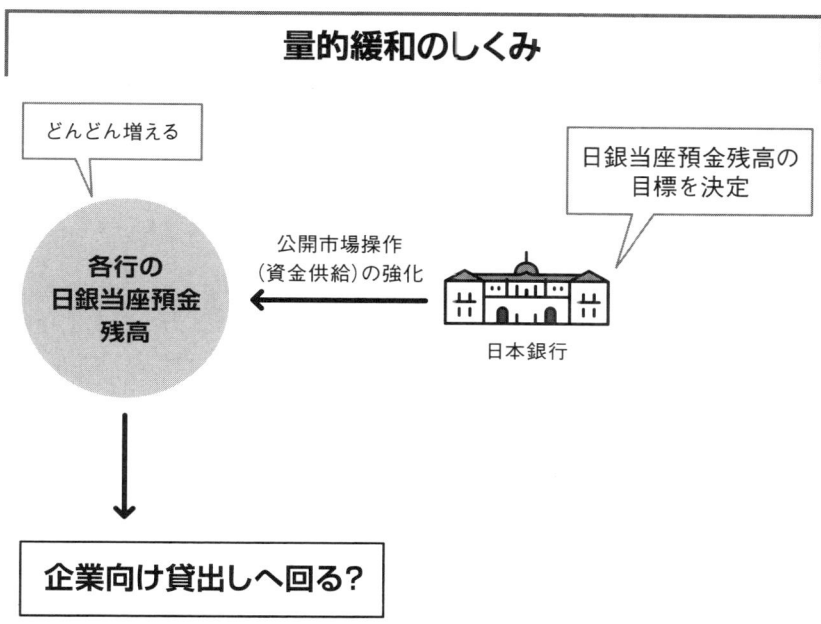

⑥量的緩和政策の解除とゼロ金利政策への移行

　量的緩和政策は約5年間続いた後、2006年3月9日に解除されました。政策委員会は「消費者物価指数の前年比は先行きプラス基調が定着していくとみられる」と判断し、金融政策の誘導目標を日銀当座預金残高から、無担保コール翌日物金利に戻したのです。

　誘導目標は「おおむねゼロ％で推移するよう促す」とされました。

⑦ゼロ金利政策の解除と利上げ

　2006年7月14日、ゼロ金利政策も解除され、0.25％の利上げが行われました。

　さらに2007年2月21日には0.25％の追加利上げが行われ、無

担保コール翌日物金利の誘導目標は0.5％になりました。

⑧2度の利下げで政策金利は0.1％に

2008年後半、欧米の金融危機から世界経済は急激に悪化しました。日本の景気悪化も明らかになり、2008年10月31日に利下げが行われ、誘導目標は0.3％になりました。

その後も景気悪化は続いたので、同年12月19日に追加利下げが行われ、誘導目標は「0.1％前後で推移するよう促す」と決まり、現在に至っています。ゼロ金利にしていないのは、コール市場などの機能をマヒさせないねらいからです。

⑨10兆円規模の新型オペ導入

2009年に入っても、日本経済はデフレや円高、金融不安などで深刻さを増していきました。

そこで2009年12月1日、臨時の金融政策決定会合が開かれ、やや長めの金利（ターム物金利→P56）をさらに低下させるため、10兆円規模の新しい資金供給手段（**新型オペ**）が導入されました。

その手段とは、日銀が国債や社債などを担保に、期間3カ月、固定金利0.1％で銀行に貸出しを行うことです。その後、10兆円上積みされて計20兆円となり、実際に金利が低下しました。

たとえば、国庫短期証券（TDB→P75）の利回りは0.1％近くまで低下、ユーロ円TIBOR3カ月物金利（ユーロ円→P67）も2010年4月28日には0.4％を下回るほど低下しました。

2010年6月現在、日銀はデフレ脱却を支援するため、超低金利政策を粘り強く続けていく姿勢をはっきりみせています。今後も必要に応じて、追加の金融緩和策をとる構えもみせています。

02 政府の国債発行が金利を動かす

税収の倍以上の歳出がある日本の財政を支える国債発行。国債の種類と販売方法はどうなっているのか。

➡ 大幅に足りない税収を国債発行で穴埋めしている

76ページで、国債の動向が金利を動かすことを説明しました。

日本はずっと、歳出が税収・税外収入を上回る「**財政赤字**」が続いています。歳入不足を埋めるために、政府は国債を発行して、市場や個人からお金を借りなければなりません。

毎年12月、翌年度の国の予算案が閣議決定されます。国債の発行額は、そのときに決められます(もちろん、国会で予算が可決成立しないと国債は発行できません)。

その際、「国債発行計画」が発表されます。

国債発行計画とは、①国債発行予定額、②発行年限別の国債(10年国債や5年国債など)の発行額・発行回数、③民間金融機関が購入する額(「**市中消化額**」という)などを決めた計画のことです。

新たに発行される国債を「**新規国債(新規財源債)**」といいます。2009年度の新規国債発行額は、第2次補正予算で53兆4550億円にもなりました。2010年度予算でも、新規国債発行予定額は44兆3030億円と多く、税収の37兆3960億円を上回っています。

新規国債は「建設国債」と「特例国債」の2つが代表的です。

①建設国債
橋や道路などをつくる公共事業の費用をまかなうために発行される国債です。

②特例国債（赤字国債）
税金収入（税収）の不足を補うために発行される国債です。

ただし、新規国債のほかにも以下のような国債があります。

③借換債
既存の国債の借り換え（満期を迎えた国債の償還資金確保のために、新たに債券を発行すること）のために発行される国債です。

④財投債
財政投融資特別会計が必要とする資金を調達するために発行される国債です。財政投融資特別会計とは、国家予算のうち、通常の「一般会計」とは別で管理されている、「特別会計」の1つ。国の施策による事業を地方公共団体などが行う際に融資などをする、財政投融資のための会計です。

上記の①〜④を合計すると、2009年度の国債発行総額は158兆4049億円にもなります。

その理由は、国債の発行残高がとても多く、毎年償還を迎える大量の国債のために、借換債を約91兆円も発行したからです。ただし、借換債は償還（満期）が来た国債を新規国債と交換して、国の借金の期限を延長しているだけなので、国債残高には影響しません。

75ページの図で説明したように、国債発行残高は年々増加傾向をたどり、600兆円超（2009年度末）まで膨らんでいます。

国債の大量発行は、需給バランスの悪化から国債の価格が下落し、長期金利が上昇する要因となります。すると、次のように景気に悪影響を及ぼす可能性があります。

> 国債の大量発行→国債価格の下落（利回りの上昇）→貸出金利・住宅ローン金利の上昇→不景気なのに金利上昇

➡ 新規国債のほとんどは「市中消化」で買われている

新規国債の販売（「**国債の消化**」という）方法は、大きく分けて「**市中消化**」「**個人向け販売**」「**日銀乗換**」の3つです。

まず、**市中消化**は、証券会社や銀行などに入札方式で販売します。2010年度の国債発行計画では、発行額の約91％が市中消化です。

入札制度の1つに、「**国債市場特別参加者制度（プライマリー・ディーラー制度）**」があります。この制度ができたのは2004年10月と、ごく最近のことです。

それ以前は、金融機関など大口投資家が「国債引受シンジケート団」という組織をつくって、各自の新規国債の引き受け割合を決めて、新規国債の売れ残りを防ぐ方法をとっていました。

しかし、国債発行額がどんどん増えてくると、特定の買い手だけの固定的な割り振りで新規国債を引き受けるこの方法は、市場の拡大にそぐわなくなってきたので廃止されました。

国債市場特別参加者制度では、財務大臣が、入札参加を希望する大手証券会社や大口投資家を、「**国債市場特別参加者**」に指定します。

ただし、特別参加者は、すべての新規国債の入札において、①発行予定額の3％以上を入札、②一定割合以上を落札する、という2つの義務があります。

その義務の見返りに、「国債市場特別参加者会合への参加資格」など、特別資格が与えられます。国債市場特別参加者会合に参加すると、国債発行計画に対して意見を述べることができるなど、国債発行に関する一定のメリットがあります。
　入札結果は、財務省ホームページに掲載され、応札額や落札利回りなどの情報が公開されています。
　平均落札価格と最低落札価格の差を「**テール**」といいます。テールが小さければ小さいほど、入札は好調な結果だったといえます。
　テールは市場の関心事となっています。なぜなら、**新発10年物国債の入札結果は、長期金利全体にも影響を及ぼす**からです。
　もし、最低落札価格が市場の事前予想よりも大幅に低いような低調な入札結果になると、最高落札利回りは大幅に高くなります。
　すると、長期金利が上昇し、貸出金利・住宅ローン金利の上昇にもつながる可能性があります。

⇒日銀は国債満期到来額の範囲内しか買えない

　日銀乗換とは、日銀が新規国債を引き受けることです。
　日銀が「国債買い切りオペ」（→P129）を通じて、市場から買い入れた国債が満期を迎えたとします。このとき、日銀政策委員会の議決後、「**満期到来額**」の範囲内で、新規国債を引き受けます。ですから、日銀がもつ国債残高自体は増えません。
　日銀は、新規に発行される国庫短期証券（→P75）を、国から直接買い入れます。ただし、乗換以外は、日銀の国債引き受けは禁止されています（財政法5条）。なぜなら、国の財政赤字を中央銀行（日銀）が穴埋めすることになるからです。
　仮にそうなると、財政規律（秩序のある財政政策）が守られなく

新規国債の販売方法

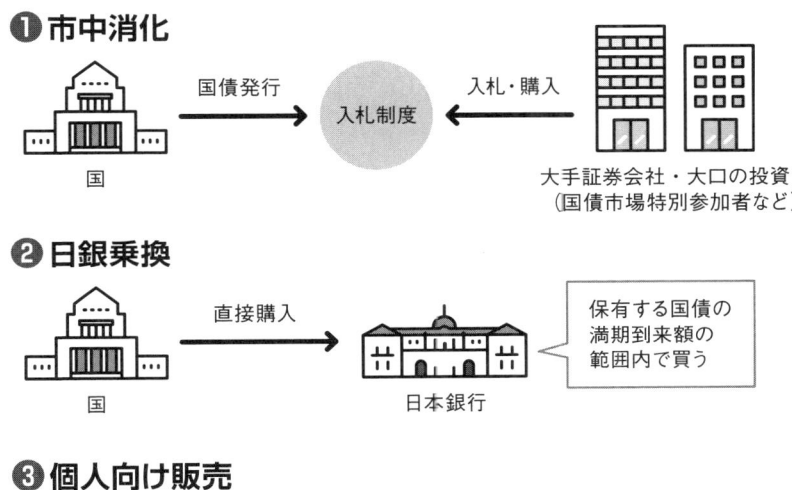

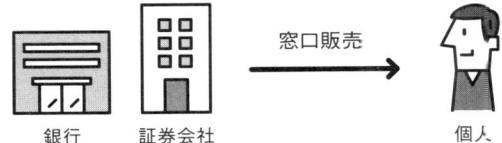

なります。国債を引き受けるため、中央銀行は大量の通貨を発行し、「悪性インフレ」（悪い金利上昇→P222）を招くおそれがあります。

戦前には、軍事費調達のために国債が大量発行され、日銀がその国債を引き受けていました。その結果、1945年の終戦後から1949年にかけて、物価（小売物価指数）が100倍になる、急激なインフレが起きてしまったのです。

最後に、**個人向け販売**（金融機関の窓口での販売）は、銀行や証券会社の窓口で個人に国債を販売することです。「個人向け国債」と「新窓口販売」があります。

03 巨額の取引で相場を動かす機関投資家

プロの債券ディーラーがしのぎを削る債券市場は、一時は売買高が1京円を超えたこともある国内最大の金融市場。

→ 債券市場は日本最大の金融市場

銀行、保険会社、系統金融機関（ＪＡ、信用金庫など）といった「**機関投資家**」は、長期金利に大きな影響を与える「**債券市場**」で、積極的に資金運用しています。

金融機関の債券購入は、以下の2種類に大きく分かれます。
- **債券購入後、長期保有する**
- **債券ディーラーが債券売買を繰り返して稼ぐ**

債券は銘柄数が多く、発行条件もマチマチで複雑なため、株式のように取引所に売買注文を集中させる取引にはなじみません。そこで、売買の当事者どうしが、直接取引する相対取引（店頭取引）が中心です。売買高の99％は相対取引といわれています。

債券相場（長期金利）の1日の水準は、株式・為替相場と違って、ＮＨＫの夜7時のニュースで報道されません。一般の人にはあまり馴染みがない市場かもしれません。

しかし、実は、2007年度、2008年度の年間売買高は1京円(いっけい)を

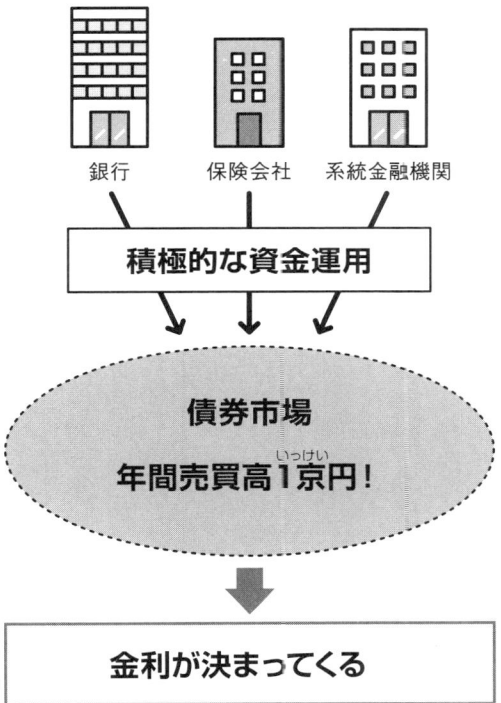

超えています(買い戻し・売り戻し条件つきの現先取引を含む)。1京は1000兆円の10倍。**日本最大の金融市場**なのです。

　2009年度は売買高が7905兆円に減少しましたが、それでも同年度の日本の国家予算102兆5582億円(一般会計、第2次補正後)の約77倍にもなります。いかに積極的な売買が行われているかがわかりますね。

　これには、以下のような背景があります。
・国債発行残高が巨額になっている(国債発行残高→P75)。
・債券レポ市場・債券現先市場が拡大している(オープン市場→P

63)。
- 国内の主要な機関投資家が、「相対的にリスクが小さく、安定した金利収入を確保できる債券」を資金運用の中心に据えている。

▶ 海外の投機筋が仕掛ける売買で相場が大きく動く

ただし、債券市場を動かしているのは国内のプレーヤーだけではありません。

まず、海外の中央銀行が、外貨準備の運用目的で日本国債を購入しています。また、海外の**「投機筋」**（短期的に売買を繰り返して利益をねらう大口投資家）が、債券の先物取引において、まとまった金額で債券売り（価格を下げるために、大量の売り注文をあびせること）を仕掛けて、相場を大きく動かすことがあります。

近年は、ＣＴＡ（商品投資顧問業者）と呼ばれる海外のファンド（顧客から大量の資金を預かって運用する投資家）が、独自の運用プログラムが出す指令に沿って、大量の売買を行うことがしばしばみられ、相場を動かす要因となっています。

▶ 日本国債の先物取引のシェア１位は海外投資家

市場では、日本国債の保有者比率をみて、「海外投資家は5％程度にすぎない」という事実がよく指摘されます。しかし、これは現物（現物、先物→Ｐ100）の国債の話です。

海外投機筋の主戦場は、先物取引です。先物取引が債券相場全体を大きく動かすことはよくある話です。

それは、東京証券取引所の債券先物の統計をみるとよくわかります。2009年の１年間の月間売買高は、海外投資家の取引が40.15％で1位です。2位の国内の証券会社は39.96％となっています。

04 大きな影響力をもつ企業の資金需要と銀行の融資

企業の資金需要と銀行の貸出金利は表裏一体の関係にある。

➡ 日本企業の資金需要は低調が続く

114ページで説明したように、好景気になると企業は設備投資や新規事業開発などにお金をかけようとするため、資金需要が増え、金利上昇につながります。

逆に、不景気になると企業もお金を使わなくなるため、資金需要は減り、金利低下につながります。

174ページの図は、近年の企業の資金過不足状況を示しています。

通常は、家計部門は資金が余っていて、政府・企業部門は資金が足りない状態にあるものです。ところが、1999年以降の企業部門は、資金が足りている状況になっているのです。

日本経済は1990年代初頭まで、バブル経済の好景気の影響で企業の資金需要が大きく、資金不足の状態が続いていました。製造業は生産能力を増強したい、小売業は店舗網を広げたいので、お金を必要としたのです。

しかし、1990年にバブル経済は崩壊し、その後の日本経済は悪化の一途をたどりました。1990年代後半～2000年代前半、企業の資金需要は大幅に減り続けています。

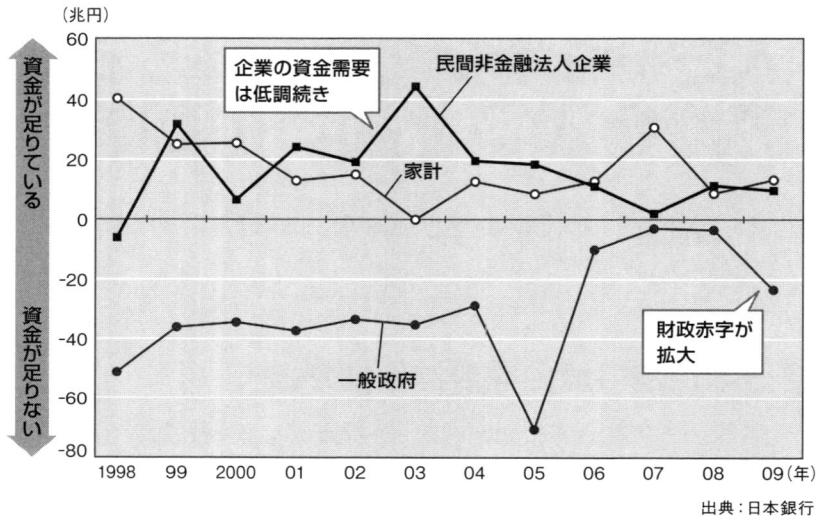

　その理由は、バブル経済崩壊で痛い目に遭った多くの企業が、過剰投資や過剰債務（借金）を見直し、借入金の返済を優先したり、設備投資を手元資金（自社が保有するお金）の範囲内に抑えるようになったからです。

　日本経済は、2002年ごろから景気回復の兆しがみえ始め、企業の資金需要も徐々に増えましたが、企業が資金不足になるほどではありませんでした。

　そして2008年後半以降、米国・欧州の金融危機が全世界に広がり、世界的な景気後退の時代に突入しました。企業は、業績が急激に悪化。社債・CP市場の機能がマヒしたことから、一時的に銀行からの借入れが急増しました。

　しかし2010年6月現在、日本経済はデフレ（→P116）が続いています。米国をはじめとする海外諸国の経済がどうなるかも不透

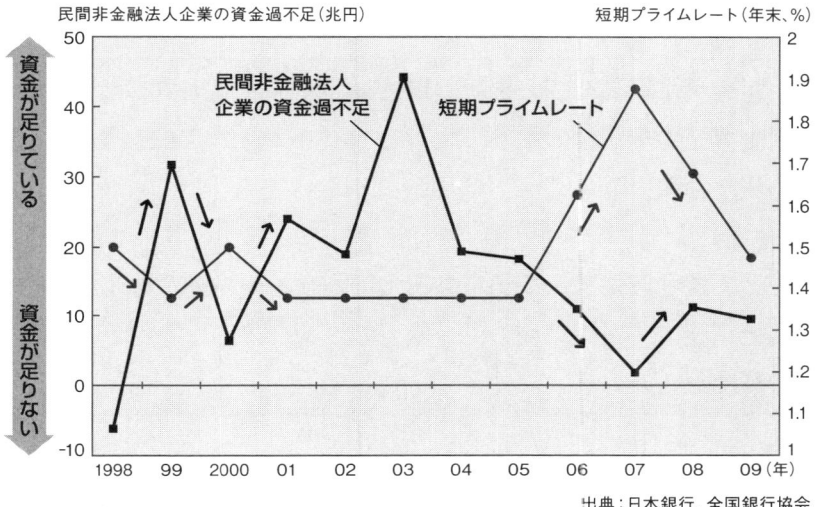

明です。企業は設備投資や事業拡大には慎重になっているのです。

➡ 企業の資金需要と銀行の貸出金利は表裏一体

上の図は、前述の企業の資金需要と、銀行の貸出金利の基準となる短期プライムレートを比べたグラフです。大まかにいえば、両者は、以下のように逆相関関係にあることがわかります。

・企業の資金不足（資金需要の増加）＝銀行の貸出金利上昇
・企業の資金余剰（資金需要の減少）＝銀行の貸出金利低下

このように、企業の資金需要と銀行の貸出金利は、基本的には表裏一体の関係にあります。

また、企業の資金需要の増減は、銀行の資金需要の増減につなが

り、それが短期金融市場に影響を与えて、日銀の利上げ・利下げへと結びつきます。よって、以下のような流れになります。

> ・企業の資金需要増加→銀行の資金需要増加→短期金融市場で金利上昇圧力→日銀の利上げ→銀行の資金調達コスト上昇→銀行の貸出金利上昇
>
> ・企業の資金需要減少→銀行の資金需要減少→短期金融市場で金利低下圧力→日銀の利下げ→銀行の資金調達コスト低下→銀行の貸出金利低下

→ 銀行の健全性も金利に影響を与える

銀行の財務が健全かどうかも、銀行自身の資金調達コストを左右するので、貸出・預金の金利を左右する要因となります。

たとえば、1990年代後半、日本の銀行がロンドンやニューヨークなどの海外市場で、ドルなどの外貨資金を調達する際、現地（欧州や米国）の銀行どうしの取引レートではお金を借りられず、大きな上乗せ金利を払う事態が発生しました。この上乗せ金利を「**ジャパンプレミアム**」といいます。

当時、日本の銀行は不良債権（回収が難しい貸付金）を大量に抱えていたため、信用力が下がっていました。そのため、現地の銀行よりも高い金利でしかお金を貸してもらえなかったのです。

このとき、銀行の外貨調達コストが上昇して銀行経営を圧迫し、同時に、日本企業への貸出金利の上昇要因ともなりました。

このように、銀行の財務の健全性は、個別の金利水準にも影響してくるのです。

05 個人の資産運用の動向がとても重要

1400兆円の金融資産を抱える個人の運用先が変わることで、長い目でみれば長期金利に影響を及ぼす。

➡ 個人は銀行にとって重要な資金供給者

　174ページの図をみると、企業、政府、家計（個人）の中で、**「家計」が一番、お金が余っている**ことがわかります。

　私たち個人は、預金したり、年金や生命保険の保険料を払ったりすることで、金融市場に資金を供給しています。とくに個人の預金は、銀行にとって最も重要な資金調達先です。

　個人の金融資産の額は、日銀の調査によると、約1456兆円にも上ります（2009年12月末現在）（179ページの図）。ここでいう金融資産とは、現金・預金、株式、債券、投資信託などのことで、不動産などの実物資産（モノとしての財産）は含まれていません。

　約1456兆円の内訳は、現金・預金が約55.2％と最も多くなっています。米国は14.3％ですから、約3.9倍にもなります。逆に、株式や債券、投資信託の比率は米国（53.3％）の4分の1程度（13.1％）で、きわめて小さいのが特徴です。

　その理由は、**日本人が金融商品を選ぶときに、収益性よりも安全性を重視する傾向が強い**からです。

高利回りが期待できますが、元本（→P24）割れする可能性もある金融商品のことを「**リスク資産**」といいます。株式や投資信託、外貨預金などはリスク資産です。米国と比べると、日本人はこれまで、リスク資産に投資することに躊躇してきたわけです。

　ただ、超低金利が長く続いているため、より有利な運用先を求める人もある程度は出てきています。たとえば、個人向け社債（→P48）の販売が増えたのは、その証拠といえます。

　2008年後半に起きた世界的な金融危機で、日本や世界の株価は大きく下落しました。株式や投資信託の人気も落ちました。

　しかしその後、部分的には、個人投資家がリスク資産へ投資する動きが再び出てきています。たとえば、中国やブラジル、インド、ロシアなどの新興経済諸国（エマージング諸国という）を対象とする投資信託の販売が増えています。

➡ 金融資産の行き先が金利に影響を及ぼす

　個人の金融資産の動向は、金利に大きな影響を与えます。

　たとえば、景気の悪化局面では、預金よりも固定金利の債券で運用したほうが有利です。そこで、多くの人はお金を預金から債券にシフトさせます。

　すると、債券が買われて価格は上昇し、利回りは低下します。この傾向が強くなると、世の中の長期金利も下がっていきます。

景気悪化→個人の債券投資増加→債券価格上昇・利回り低下→長期金利低下

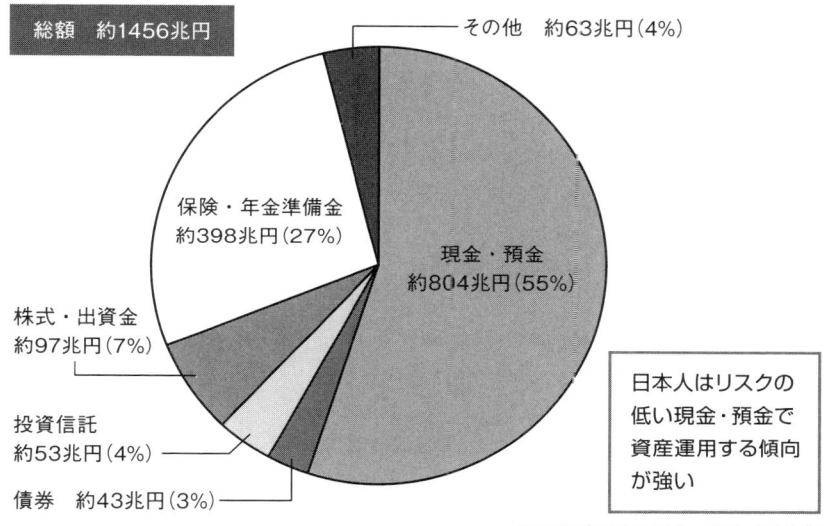

　また、景気回復の傾向が強まれば、多くの人が債券よりも高い運用利益が期待できる株式や株式投資信託へお金をシフトさせる動きが出てきます。

　すると、債券は売られて価格は下落し、利回りは上昇します。この傾向が強くなると、世の中の長期金利も上がっていきます。

景気回復→個人の債券投資離れ→債券価格下落・利回り上昇→長期金利上昇

　ところで、個人のお金の動きで注目したいのは、国債発行残高が増加するなかで、個人のお金が日本から逃げる「キャピタルフライト（資本逃避）」の可能性です（→P232）。

Part 6

世界の中央銀行と政策金利をみてみよう

01 米国FRBは世界経済に大きな影響を及ぼす

米国の金融政策を動かすFRB。そのトップのFRB議長は経済・金融において米国大統領に次ぐ力をもつといわれる。

➡ 中枢のFRBと12の地区連銀で構成される

　米国の中央銀行は「**FRB**（Federal Reserve Board）」といい、「**連邦準備制度理事会**」と訳されます。ただし、実は、FRBと呼んでいるのは日本人だけ。米国では通常、「**フェッド（Fed）**」と呼びます。

　FRBの設立は1913年。1882年設立の日本銀行（日銀）の31年後です。歴史が浅い理由は、米国が「連邦制」を採用しているからです。連邦制とは、強い権力をもつ地方政府を、中央政府が統一国家の代表としてまとめている分権型の国家体制です。

　連邦制では地域ごとに利害の対立などがあり、金融政策を1つにまとめてしまう中央銀行の設立に、長く反発が強かったのです。

　しかし、恐慌や不況を何度も経験し、「金融システムの安定化のためには、中央銀行の設立が不可欠だ」という認識が高まって、FRBが誕生しました。

　ちなみに、世界初の中央銀行は1668年設立のスウェーデンの国立銀行「リクスバンク」。日銀より200年以上も前です。

　先に述べたように、日本では米国の中央銀行をFRBと呼びます

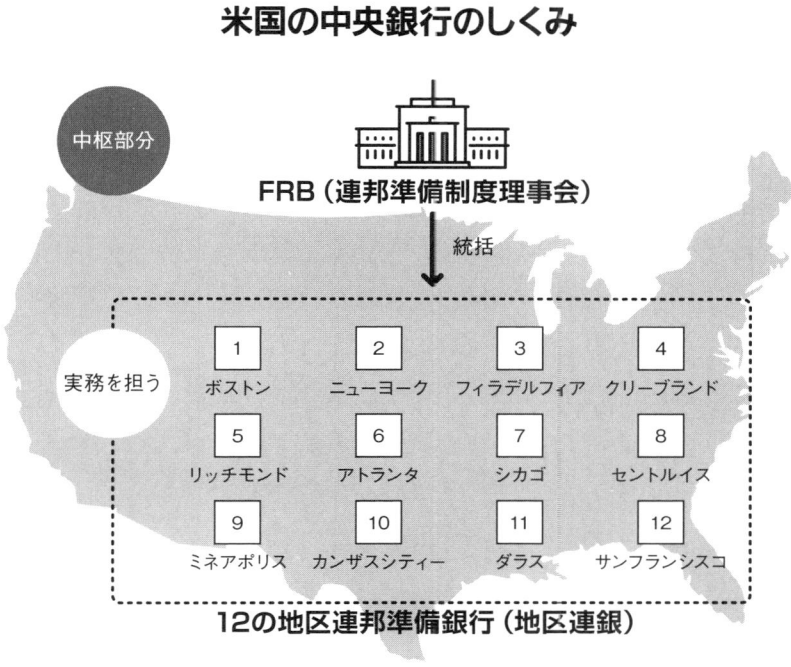

が、より正確に理解するなら、米国の中央銀行は「**連邦準備制度（FRS＝Federal Reserve System）**」と覚えておくべきです。

FRSとは、中枢部分のFRBと、実際に中央銀行の実務を担う12の「**地区連邦準備銀行（地区連銀）**」でできています（上の図）。

12の地区連銀は、①ボストン、②ニューヨーク、③フィラデルフィア、④クリーブランド、⑤リッチモンド、⑥アトランタ、⑦シカゴ、⑧セントルイス、⑨ミネアポリス、⑩カンザスシティー、⑪ダラス、⑫サンフランシスコです。サンフランシスコ地区連銀は、距離は遠いですが、アラスカ州とハワイ州も管轄しています。

▶ 金融危機でFRBがとった政策

　FRBは定員7名の理事で構成されます。理事の中から、議長と副議長を1人ずつ選出します（2010年6月現在、理事は欠員2人）。現在のFRB議長は、経済学者出身のベン・バーナンキ氏です。

　FRBの任務は、「**物価安定**」と「**最大雇用**」の2つを実現することです。「最大雇用」とは、FRBが金融政策によって無理なく最大限、米国の雇用を増やさなければいけないということです。

　これに対して、ECB（→P189）など、他の多くの中央銀行は、「物価安定」のみに力を入れるよう法律で規定されています。

　FRBの権限のうち、主なものを2つ挙げます。

①プライマリークレジット金利の決定

　「**プライマリークレジット金利**」とは、健全性の高い金融機関に対する貸出金利で、米国版公定歩合です。2008年後半の金融危機で、金利水準が引き下げられていました。しかし2010年2月18日、危機対応措置を解除して金利水準を正常化するために、0.25％利上げして、0.75％になっています（2010年6月現在）。

②**銀行以外への緊急貸出**

　連邦準備法第13条に基づき、証券会社や個人などに対して緊急で資金を貸出します。上記の金融危機で、実際に発動されました。

　このように、FRBは権限を活用して、金融危機で悪化した景気と金融システムを回復させるために、さまざまな対策をとりましたが、なかでもとくに注目されたのが、異例の**量的緩和**（金融市場に資金を潤沢に供給すること）政策でした。

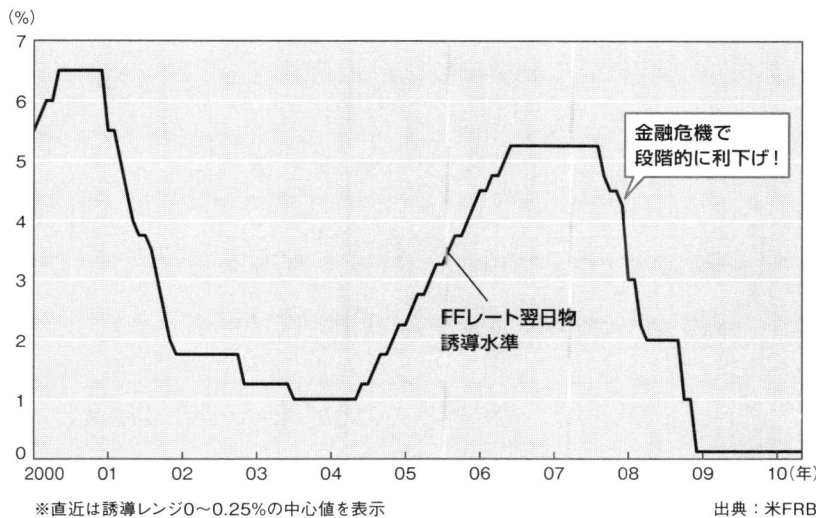

これは、バーナンキFRB議長が「信用緩和」と名づけた政策で、債券などの金融資産を大量に買い入れることで、金融市場にお金をどんどん供給し、市場を安定化させることが目的です。

たとえば、FRBは1兆2500億ドル(約112兆5000億円)規模で、MBS(住宅ローンを担保に発行された債券)を市場から大量に買い入れました(2010年3月末で終了)。

→ 政策金利はフェデラルファンドレート

米国の主要な政策金利は、「フェデラルファンドレート(FFレート)」と呼ばれる翌日物金利の誘導水準です(誘導→P70)。FFレートの誘導水準は2010年6月現在、0〜0.25%の範囲になっています(平常時の誘導目標は1.5%といった単一の金利水準)。

フェデラルファンドレートとは何でしょうか。

米国のFRS加盟の民間銀行は、地区連銀に一定割合を預金することが義務づけられています。この預金が不足したり余ったりした場合、加盟銀行は、お互いに資金取引をします。
　この取引市場を「**フェデラルファンド市場**」、ここで成立する金利を「**FFレート**」といいます。
　通常、FFレートは以下のような動きをします。

・米国景気減速→資金需要減少→FFレート下落
・米国景気上昇→資金需要増加→FFレート上昇

　FFレートの誘導水準を決定するのが「**連邦公開市場委員会（FOMC＝Federal Open Market Committee）**」です。
　FOMCとは、FRB理事と地区連銀総裁12名が参加する会議のことです。政策金利決定などの具体的な金融政策の決定、四半期ごとの経済見通し作成などを行います。
　FOMCが決定したFFレート誘導目標に沿って、地区連銀のニューヨーク連銀が、フェデラルファンド市場に資金介入して、FFレートを以下のように操作しています。

・景気過熱→FF金利を上げる→金利上昇→資金供給量減少
・景気悪化→FF金利を下げる→金利低下→資金供給量増加

　FOMCの議長はFRB議長、副議長はニューヨーク地区連銀総裁が務めます。このため、**FRB議長は、米国経済・金融に対して米国大統領に次ぐ大きな影響力をもつ**といわれ、FOMCの動向は世界中の注目を集めています。

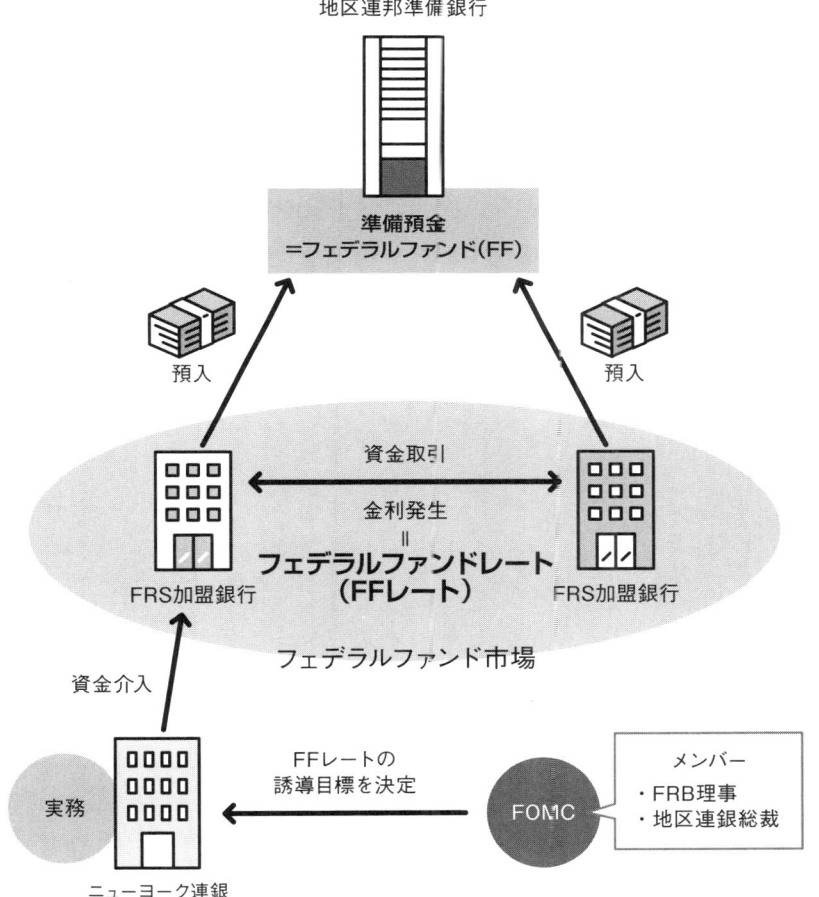

　FOMCは会議終了後に、経済状況の認識や政策運営方針を記した「声明文」を発表します。政策変更がない場合でも、その内容の変化に何らかのヒントがないか、市場関係者は毎回注目しています。

　また、FOMCの議事録は3週間後に、詳細な会議録（トランスクリプト）は5年後に公表されます。

▶ ドルペッグ制の国はより大きな影響を受ける

　米国の金融政策は、世界経済に大きな影響を及ぼします。その理由は、**①米国が世界最大の経済大国**、**②モノとマネーの流れの中心**、**③米ドルが世界の基軸通貨**、だからです。

　ＦＲＢの金融政策をめぐるさまざまな思惑や、実際の政策変更に基づいた米国の短期金利・長期金利・株価・ドル相場の変動は、世界中に波及していきます。そして、日本を含む世界中の国々の経済に影響を及ぼします。このため、ＦＲＢはしばしば、〝世界の中央銀行〟と呼ばれます。

「**ドルペッグ制**」を採用している国・地域（中国の特別行政区である香港など）は、ＦＲＢの金融政策の影響をより直接的に受けます。

　ドルペッグ制とは、ドルと自国通貨の為替レートを固定する制度で、弱い通貨でも安定して為替取引できるメリットがあります。

　ただし、ドルペッグ制を採用する国・地域は、自国の金融政策を米国に合わせなくてはならず、政策金利はＦＲＢの政策金利に機械的に連動します。

　ですから、２００８年後半以降の米国経済が、住宅バブル崩壊で急激に悪化し、ＦＲＢがゼロ％近くまでＦＦレートを引き下げると、ドルペッグ制の国の政策金利も、大幅に低下してしまいました。

　たとえば、香港の政策金利「ベースレート」は、２０１０年６月現在０.５％。香港の好調な経済状況からすれば、あまりにも低すぎる金利水準です。そのため、超低金利で不動産投資が過熱し、非常に高い販売価格のマンションが登場して話題になるなど、不動産バブルが発生しています。

02 ユーロ圏の金融政策を一手に担うECB

ECBはユーロ圏の複数諸国の金融政策を1つにまとめて画一的に行うが、ギリシャ危機でその矛盾が表れた。

→ ECBは物価の安定を何よりも重視

「欧州連合（EU）」の中で、欧州通貨統合に参加し、**統一通貨「ユーロ」**を国の通貨にしている国々のことを「**ユーロ圏**」と呼びます。

EUとは、第2次世界大戦のような悲惨な戦争を二度と繰り返さないように、欧州を政治・経済的に統合することを目的として設立された国際機関です。

ユーロ圏の金融政策を行う中央銀行は「**欧州中央銀行（ECB＝European Central Bank）**」、設立は1993年です。

ユーロは1999年に導入され、2002年に紙幣の流通がスタートしました。ユーロ圏各国は経済統合した結果、中央銀行の金融政策をECBに委ねたかたちになりました。

ECBは、「タカ派」の色彩が濃かったドイツ連邦銀行（ブンデスバンク＝ドイツの中央銀行）の伝統を受け継いで、**物価安定を何よりも重視**します。

タカ派とは、インフレ予防を重視して利上げに積極的な意見の持ち主のこと。その対極を「ハト派」といいます。よって、ECBは**利上げには積極的、利下げには消極的**な傾向があります。

ユーロ圏の国々は、2010年6月現在、ドイツ、フランス、イタリア、ベルギー、オランダ、ルクセンブルク、スペイン、ポルトガル、フィンランド、オーストリア、アイルランド、ギリシャ、スロベニア、マルタ、キプロス、スロバキアの16カ国です（右の図）。
　通貨統合への参加国は今後も段階的に増えていく見通しですが、英国やデンマークのように、EUのメンバーであっても独自の通貨をそのまま維持している国もあります。

→ 南と北のバランスをとって総裁選出

　ECBの金融政策は、ドイツのフランクフルトにあるECB本店に在勤している役員会のメンバー6人（総裁1人、副総裁1人、理事4人）と、通貨統合参加16カ国の中央銀行総裁の合計22人が出席する「**理事会**」で決定されます。

　原則として毎月2回、定例理事会が開催されていますが、金融政策が決められるのは1回目の会合です。日米英と異なり、議事録は公表されません。かわりに、理事会終了後に総裁・副総裁による記者会見が行われます。

　2010年2月、同年5月末が任期末のパパデモスECB副総裁（ギリシャ出身）の後任に、ポルトガル中央銀行のコンスタンシオ総裁が選出されました。

　ECBのトップ人事は、南北のバランスをとりながら決められるといわれています。たとえば、副総裁が欧州の「南」の国から選出された場合、「次期総裁は欧州の北の国から」という具合いです。

　ECB副総裁が南の小国ポルトガル出身者に決まったことで、2011年10月末で任期が切れるトリシェ総裁（フランス）の後任には、「北」の大国であるドイツ連邦銀行のウェーバー総裁の就任

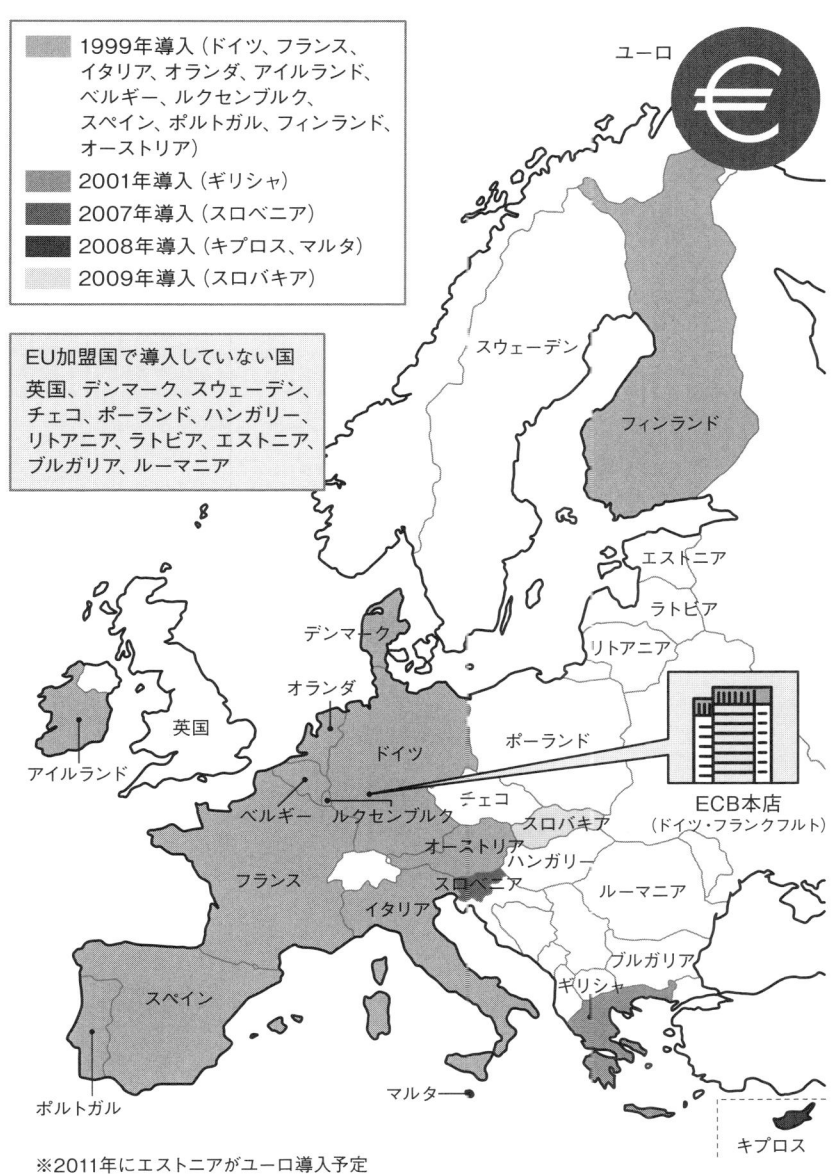

が有力です。ウェーバー氏は「タカ派」の人物として有名です。

金利変動を一定の範囲内に収める

　ＥＣＢの政策金利は「**レポレート（レポ金利）**」です。レポレートとは、債券現先取引（→P65）のかたちでＥＣＢが資金供給を行う際の基準となる金利のことです。

　ＥＣＢは理事会でレポレートを決定し、公開市場操作を行って市場金利を誘導しています。レポレートは、2010年6月現在1.0％ですが、翌日物金利はこれより低くなっています。

　またＥＣＢは、金融機関がＥＣＢに対して、預入れ・借入れする際の金利を以下のように設定することで、**短期金融市場の翌日物レート（金利）の変動を一定の範囲内に収めています。**

・**預金レート＝0.25％→翌日物レートの下限**
・**限界貸出レート＝1.75％→翌日物レートの上限**

　2008年後半に起きた金融危機は、米国だけでなく欧州にも飛び火し、欧州経済は大きなダメージを受けました。

　ＥＣＢは、金融危機に対応するため、金融市場に対して大量の資金供給をするなど、さまざまな緊急措置を講じてきました。その後いったん、そうした措置の打ち切りに動きました。

　たとえば、担保さえ差し出せば、ＥＣＢが銀行に対して金額無制限で資金供給を行う「期間1年の資金供給オペ」は、2009年12月で終了しました。ところが、2010年春のギリシャの財政危機でユーロ圏の金融市場が不安定化。同年5月、ＥＣＢはユーロ圏の国債の買い入れを開始。金額無制限の資金供給オペも強化しました。

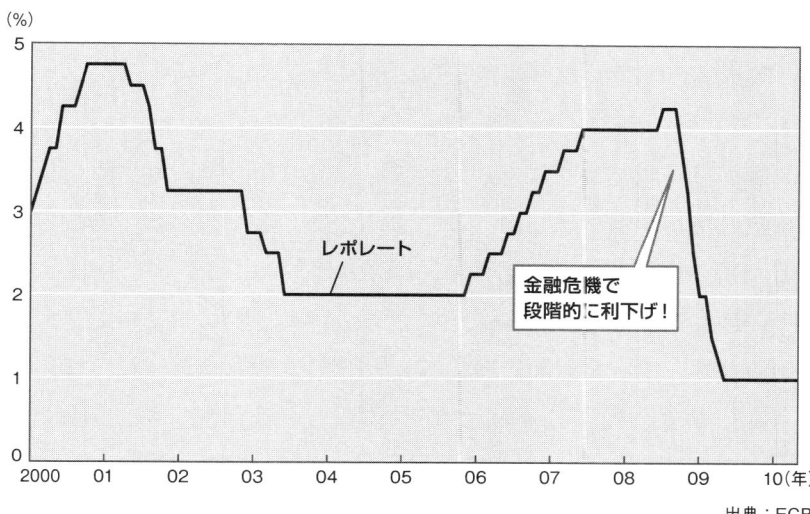

⇒ ユーロ圏を1つの金融政策でまとめるのは難しい

　ユーロ圏は、以下のような問題点を抱えています。
・圏内にはさまざまな経済構造・経済状況の国がある。
・財政政策の運営は各国政府にゆだねられている。

　この2点から、各国の景気・物価の状況はかなりのばらつきが出てくるのですが、中央銀行も政策金利も1つだけです。

　すると、たとえば、ドイツにとってはちょうど良い金利水準でも、アイルランドやスペインなどの国々では金利水準が低すぎるというケースが起こります。

　実際、2000年代後半のアイルランドがそうでした。好景気にわくアイルランド経済は、本来ならば景気の過熱感を抑えるため、利上げをするべきでした。

しかし現実の政策金利はＥＣＢに握られていて、大国のドイツやフランスの不景気を反映した低い水準のままでした。低金利の結果、アイルランドでは不動産投資ブームが起きて住宅バブルが膨らみ、やがて崩壊して、経済が急激に落ち込んでしまいました。

　問題点はそれだけではありません。2010年前半には、**ギリシャの財政危機**が発覚しました。これはまさに、欧州通貨統合の根本にある矛盾をさらけ出した出来事といえます。
　先に述べたように、金融政策はＥＣＢが画一的にコントロールしていますが、財政政策は基本的に通貨統合参加各国の主権にゆだねられています。各国の義務は、「財政赤字を名目ＧＤＰ比で3％以内に抑える」ことなどですが、違反しても制裁は未発動です。
　つまり、欧州通貨統合では基本的に、**「財政政策の運営はその国を信頼して任せる」という「性善説」をとっています。**
　しかし、ギリシャの前政権は巨額の財政赤字を隠し、ニセの数字をEUに報告していました。そして、ギリシャのごまかしが発覚すると、ユーロ圏の「性善説」は崩れてしまったのです。
　国としての信用を失ったギリシャ国債の価値は急落し、国債発行手段を失ったギリシャの財政は、危機的な状態になりました。

　ギリシャのケースは、以下の2つの事態に当てはまります。
①資金調達手段に困って、高金利で国債を発行し、さらに財政赤字を膨らませた。
②資金繰り難になり、債務不履行（デフォルト）の恐れが生じた。
　このような問題にＥＣＢとユーロ圏諸国はどう対処するのかが、市場から試されています。

03 英国のBOEは独自の金融政策を行う

ユーロを導入せず独自の金融政策を行う英国のBOEは、インフレ・ターゲティングを導入している。

→ 政策目標はインフレ率

英国は通貨ユーロ（→P189）を導入せず、自国通貨ポンドを手放していません。英国は、独自の金融政策を行っています。

英国の中央銀行は「**イングランド銀行（BOE＝Bank of England）**」で、設立は1694年です。ただし、BOEは戦後長く、財務省の付属機関であり、独自の政策運営を行ってきませんでした。

しかし、1997年に金融政策の大改革が実施され、金融政策の決定権は財務省からBOEに移されて独立した機関となりました。

BOEは1992年10月以降、インフレ率を政策目標とする「インフレ・ターゲティング」を採用しています。政府が定めるインフレ率の目標（現在2％）達成をめざして、政策を運営しています。

英国の主要政策金利は「**バンクレート**」で、2010年6月現在0.5％です。バンクレートとは、中央銀行が一般の銀行に貸出す際の金利のことで、いわば公定歩合です。

2008年後半の世界的な金融危機に直面した英国は、日本のバブル崩壊後の不況やデフレなどを教訓として、市場から国債などの債券を購入して資金供給量を増やそうとする「量的緩和」（資産購入

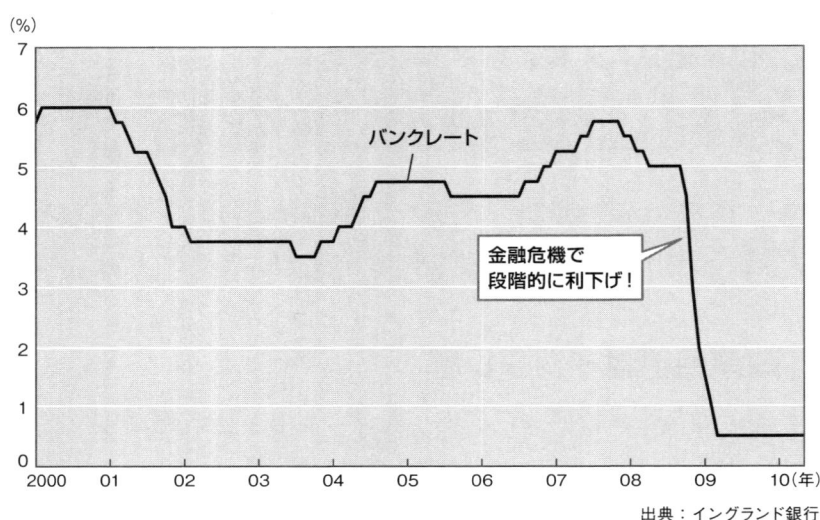

出典：イングランド銀行

プログラム）を行ってきました。

2010年2月に量的緩和措置を休止した時点で、買入れ枠は2000億ポンド（約28兆円）にも達しています。ただし、今後の景気動向によっては、量的緩和措置を再開する可能性もあります。

こうした英国の金融政策を決めるのは、「**MPC（金融政策委員会）**」です。委員会のメンバーは、ＢＯＥ総裁1人、副総裁2人、ＢＯＥ理事2人、外部委員4人の計9人で構成されています（外部委員は財務省が任命）。

ＭＰＣは毎月上旬に開催され、単純多数決で政策が決まります。ＢＯＥ総裁も含めて平等に1人1票なので、総裁が投票した議案が否決されることもあります。

ＭＰＣ開催後に総裁会見が行われたり声明が発表されることはなく、約2週間後にＢＯＥ議事録が公開されます。

04 永世中立国スイスの金融政策を担うSNB

SNBの政策金利は、スイスフラン高による経済悪化を警戒して、低金利の傾向がある。

→ 政策金利は四半期に一度公表される

　欧州の真ん中に位置するスイスは、「永世中立国」です。政治だけではなく、経済的にも中立を保っているので、欧州連合（EU）にもユーロにも参加していません。ユーロに参加していない英国と同様、独自の金融政策を行っています。

　スイスの中央銀行は、「**スイス国立銀行（SNB＝Swiss National Bank）**」で、設立は1907年です。

　SNBの金融政策もECBと同様、「物価安定」を重視しています。物価安定の定義は「2％未満のインフレ率」。消費者物価指数（前年比）が、2％未満で推移することを目標にしています。

　主要政策金利は、自国通貨スイスフラン建ての「**3カ月物のLIBOR（ロンドン銀行間取引金利）**」の誘導レンジ（範囲）です。

　政策金利の誘導水準は、四半期（3カ月）に1度の「政策会合」で決定され、その後公表される「金融政策評価」で明らかになります。SNBは2010年3月11日、政策金利を0〜0.75％とし、このレンジ内で0.25％前後の水準を目指しています（10年6月現在）。

　スイスの政策金利は、他の先進国に比べて低く設定されているの

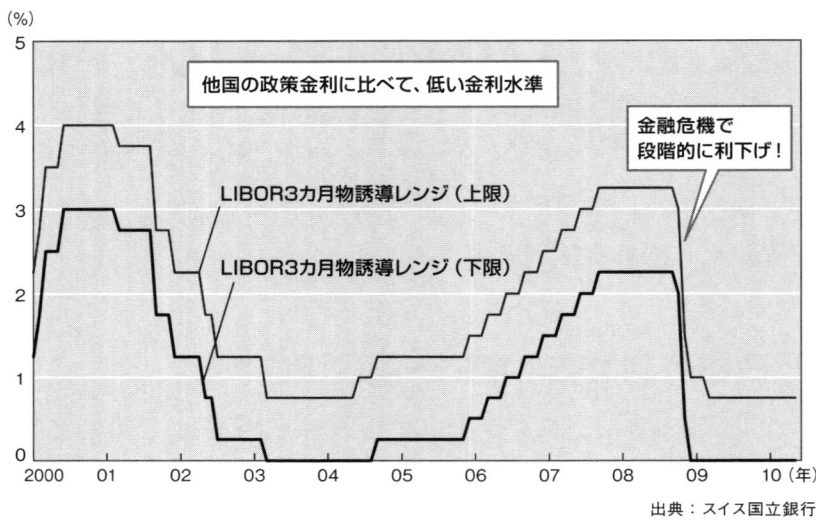

スイスの政策金利の推移

出典：スイス国立銀行

が特徴です。**低金利なのは、「スイスフラン高・ユーロ安」になることを防ぐため**です。最近まで、スイス経済のデフレ（物価下落→P116）深刻化をくい止めるため、SNBは外国為替市場で「スイスフラン売り・ユーロ買い」の為替介入を行っていました。

スイスフラン高は、景気・物価へ悪影響を及ぼします。スイス経済は、EU向けを中心に海外に製品を輸出して稼ぐ「輸出依存型」だからです。スイスフラン高になると、国内企業の収益が減り、景気が低迷するおそれがあります。また、スイスフラン高で輸入品の価格が下がると、国内製品の競争力が落ち、値下げが値下げを呼ぶデフレを招くおそれがあります。

ただし、SNBは2010年6月17日に、スイスフラン高に対して断固たる対応をとるというそれまでの方針を転換。デフレのリスクはほぼ解消したと表明しました。

05 カナダの金利を動かすBOC

国の信用度が高いカナダは、米国経済と密接な関係にあり、BOCの金融政策は米国を意識している。

➡ 政策金利は米国との金利差が関係してくる

　カナダは政治的に安定していて、財政や金融システムの状況も良く、カナダ経済の長期的な成長見通しも良好です。

　格付け機関のムーディーズ（→P150）の国債格付けでは、「Aaa」の最高評価をもらっています。

　カナダの中央銀行は、「**カナダ銀行（BOC＝Bank of Canada）**」で、1935年に設立されました。金融政策は「物価安定」を重視しています。BOCの目標は、消費者物価指数（前年比）を、「中心値を2％とする1～3％のレンジ」内に収めることです。

　BOCの大きな特徴は、隣国の米国との金利差を意識した金融政策が行われる傾向があることです。その理由は、米国はカナダにとって最大の輸出国で、総輸出額の8割以上が米国向けだからです。

　また、カナダの総輸出額はGDPの半分以上を占めていて、経済が海外への輸出に依存している国です。

　米国と経済的に密接に関わっているため、米国経済が堅調なときはカナダ経済に良い影響を与え、逆に米国の景気が後退しているときはカナダ経済に悪影響を与える、という関係があります。

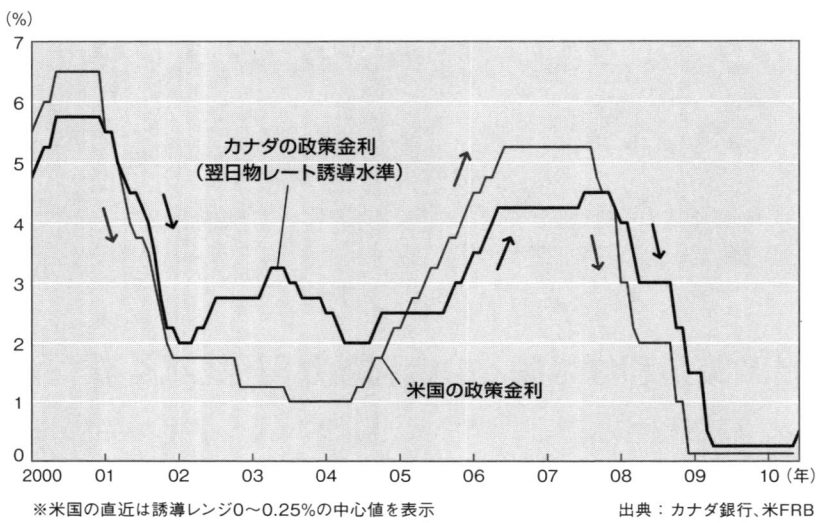

　カナダの主要政策金利は、「**翌日物金利**」（短期金融市場における翌日返済の金利）の誘導目標で、2010年6月現在0.5％です。2007年以降の金融危機では、米国が利下げした動きに連動するかたちとなってきました（上の図）。

　ＢＯＣはこれまで、「超低金利政策は、2010年6月末までは基本的に継続するだろう」というメッセージを市場に発信してきました。将来の金融政策の変更に、時間軸をはめるということです。

　しかし、2010年4月に行われた金融政策発表では、前述の時間軸の考え方が消え、かわって、「経済見通しの改善を受けて、異例の措置の必要性はなくなりつつある」と、今後の利上げの必要性を示唆しました。そして6月1日、0.25％の利上げを決定しました。

　Ｇ７（先進７カ国）で最初に金融危機後の利上げに動いたのはカナダということになりました。

オーストラリアのRBAとニュージーランドのRBNZ

オセアニアの2カ国の中央銀行の政策金利は、日米欧と比べると高い金利水準にある。

→ いち早く利上げに動いたオーストラリア

　オーストラリアの中央銀行は、「**オーストラリア準備銀行（RBA**＝Reserve Bank of Australia)」です。1911年に前身が設立され、1959年に中央銀行になりました。

　RBAの金融政策は現在、消費者物価指数（前年比）を平均2～3％に抑えることを目的としています。

　オーストラリアの主要政策金利は「**キャッシュレート**」です。キャッシュレートとは、中央銀行が一般の銀行向けにお金を貸出す際の金利で、いわば公定歩合のことです。

　政策金利は「**理事会**」（1月を除く毎月1回）で決定され、2010年6月現在4.50％となっています。

　RBAは2009年10月以降、2010年5月までに6回の利上げを行ってきました。金融危機からあまり時間がたっていないにもかかわらず、欧米諸国に先駆けていち早く利上げに動いたのです。

　その理由は、以下の2つがあります。
①移民増と自然増で人口増加率が高く、国内需要が強い
②アジア地域を中心に資源輸出が拡大し、企業業績が急回復

②のように、オーストラリア経済の強みは資源輸出国であることです。輸出は、石炭、鉄鉱石、金などの鉱産物が40～50％、小麦、羊毛、肉牛などの農林水産物が10～20％程度を占めています。

市場関係者の間では、RBAは当面様子見だが、景気が強ければさらに利上げを行うだろうとの見方が強くなっています。

➡ 高金利のイメージが強いニュージーランド

ニュージーランドの場合は、輸出の半分近くを酪農品、食肉、果実類などの農林水産物が占めています。

最大の貿易相手国はオーストラリアで、輸出入ともに2割程度を占めています。ニュージーランドの経済規模は、オーストラリアより小さく、**オーストラリア経済との連動性が強い**ことが特徴です。

ニュージーランドの中央銀行は、「**ニュージーランド準備銀行（RBNZ＝Reserve Bank of New Zealand）**」で、設立は1934年です。

金融政策は、消費者物価指数（前年比）が1～3％になることを目標にした「インフレ・ターゲティング」政策を導入しています。

主要政策金利は「**オフィシャルキャッシュレート**」で、中央銀行が一般の銀行向けにお金を貸出す際の金利です。

RBNZは6週間ごと（年8回）に政策金利を見直しています。2010年6月現在の政策金利は2.75％です。RBNZのボラード総裁は4月29日の声明で、経済が想定どおりに推移するならば、数カ月以内に利上げを開始すると示唆。実際にそうなりました。

かつて2007～08年には、政策金利が8.25％という非常に高い水準になりました。そのため、高金利通貨のニュージーランドドルへ投資しようと、日本からお金が大量に流入したことがありました。

オーストラリアとニュージーランドの政策金利は連動している

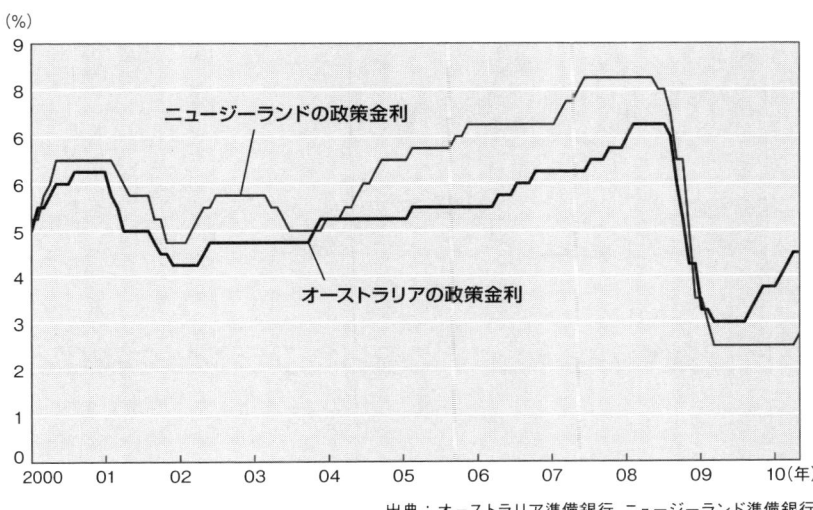

出典：オーストラリア準備銀行、ニュージーランド準備銀行

6 世界の中央銀行と政策金利をみてみよう

07 BRICsの金利を動かす4つの中央銀行

新興経済諸国の大国、ブラジル、ロシア、インド、中国の4カ国の政策金利は、先進国と比べて高い水準にある。

➡ 景気回復から利上げに転じたブラジル中央銀行

　ここでは、新興経済諸国の中でも経済規模の大きい「**ブリクス（BRICs）**」と呼ばれる4カ国の中央銀行について説明します。

　ブラジルの中央銀行は「**ブラジル中央銀行**」で、設立は1964年です。「COPOM」と略称される「金融政策委員会」を定期的に開催して、金融政策を決めています。

　主要政策金利は「**セリック（SELIC）**」で、国債を担保とする銀行間取引金利のことです。2010年6月現在、10.25％です。

　2008年後半以降、世界的な金融危機と景気悪化が、ブラジル経済にも波及したため、2009年1月から利下げを開始。13.75％だった政策金利は数回の利下げで累計5％下げられました。

　しかし、ブラジル経済は順調に景気回復してきたので、2010年4月28日、2年ぶりに0.75％の利上げを行い、政策金利は9.50％になりました。6月5日にも0.75％の利上げを決定しました。

➡ 利下げでルーブル高を抑制するロシア連邦中央銀行

　ロシアの中央銀行は「**ロシア連邦中央銀行**」で、設立は1990年

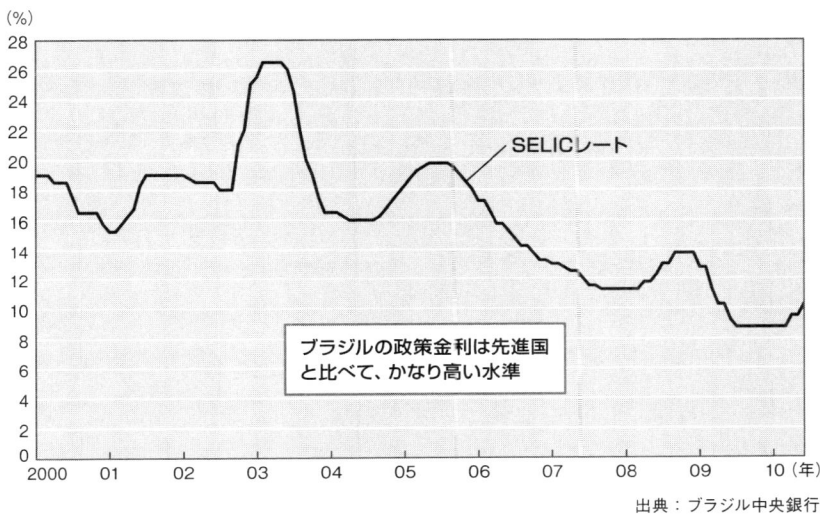

です。主要政策金利は「**リファイナンシング金利**」。中央銀行が一般の銀行向けにお金を貸出す際の金利で、いわば公定歩合です。2010年6月現在、7.75%です。

1993年10月、通貨ルーブルが暴落してインフレ（物価上昇）が加速したことを受けて、政策金利は210%にまで引き上げられたことがあります。

ロシアは、ＢＲＩＣｓのうちで唯一、2009年に経済成長率がマイナスを記録し、景気は良くありません。しかし、資源価格の上昇を背景に、投機資金（→Ｐ172）がロシアに流入して、ルーブルの相場は急上昇しています。

そこで、ロシア連邦中央銀行は、景気回復と、ルーブル高の抑制をねらって、何度も利下げを行ってます。

2009年初めには政策金利は13.0%でしたが、同年4月から翌

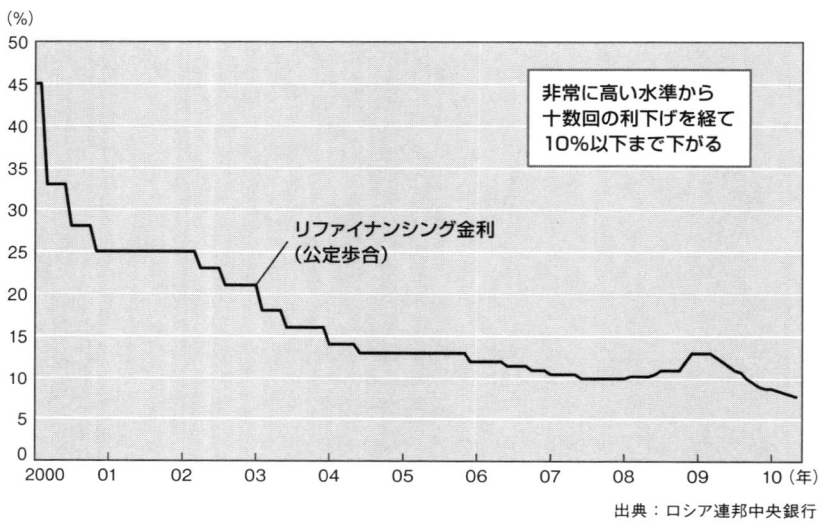

2010年5月まで14回連続して利下げされ、過去最低水準の7.75％まで下落。市場関係者はまだ利下げが続くと予想しています。

⇒ 卸売物価指数を重視するインド準備銀行

　インドの中央銀行は「**インド準備銀行**」で、設立は1935年です。主要政策金利は「**レポ金利**」と「**リバースレポ金利**」の2つ。レポ金利とは、中央銀行が、一般の銀行に資金を供給する際の金利。リバースレポ金利とは、中央銀行が、一般の銀行から資金を吸収する際の金利です。

　インド準備銀行の特徴の1つは、物価動向をみていく際に、消費者物価ではなく、卸売物価（企業間取引の際の商品価格）を重視していることです。なぜなら、卸売物価は、食品の価格に左右されやすいという難点はあるものの、調査対象となる品目が充実していて、

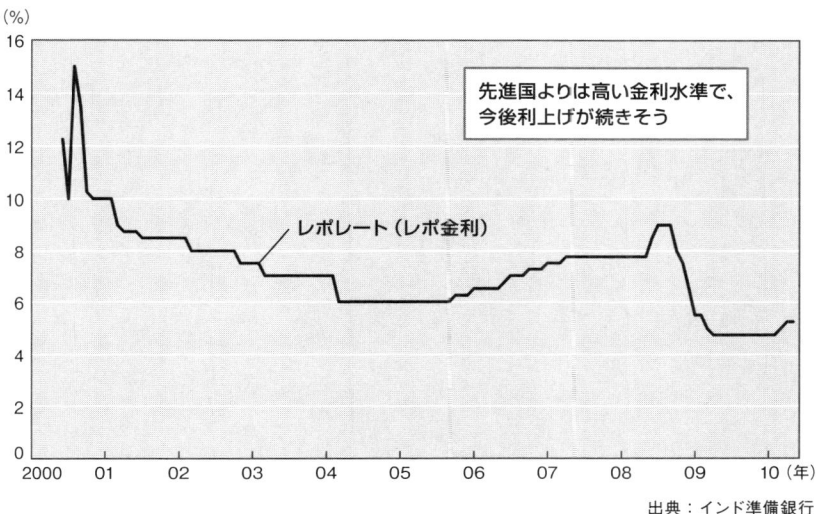

出典:インド準備銀行

より現実の物価動向を把握しやすいからです。

2010年2月分のインドの卸売物価指数は、前年同月比で10％近い大幅上昇となりました。

インド準備銀行は2008年7月以降、利上げをしていませんでした。しかし、大幅な物価上昇を受けて、2010年3月19日、利上げが行われました。レポ金利は0.25％引き上げられて5.0％、リバースレポ金利も同じく0.25％引き上げられて3.5％になりました。

さらに、4月20日には0.25％の追加利上げが行われ、レポ金利は5.25％、リバースレポ金利は3.75％になりました。今後も利上げが続くだろうと市場関係者は予想しています。

➡ 独立性が弱い中国人民銀行

中国の中央銀行は「**中国人民銀行**」で、設立は1948年です。中

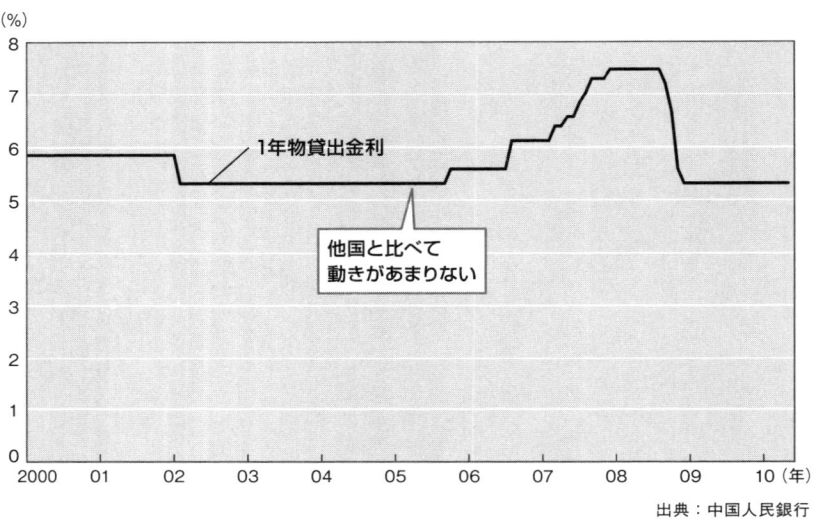

中央銀行としての独立性は弱く、中国共産党と中国政府（国務院）の方針に沿うかたちで金融政策を行っています。

　「金融政策委員会」が定期的に開催されていますが、日本や米国などのようにその場で政策金利が決定されるのではなく、金融政策運営について意見を述べるだけの諮問機関です。

　中国人民銀行は、貸出金利と預金金利を期間別に公表しています。その中で、主要政策金利とみなされているのは、**「1年物貸出金利」**で、2010年6月現在、5.31％になっています。

　最近の中国経済は、銀行の過剰融資で不動産投資が過熱するなどバブルの膨張が懸念されています。そこで、中国人民銀行は2010年に入ると、預金準備率（市中銀行が中央銀行に預ける預金量の割合）を、1月、2月、5月に引き上げて、金融引き締め（→P128）を行いました。金融政策の次の動きは、利上げと予想されています。

Part 7

金利動向を読み解く考え方とテクニック

01 プロは金利動向をどのように予測している?

短期金利は日本銀行の金融政策、長期金利は名目GDPの伸び率が大きく関係してくる。

→3つのステップで予測シナリオを構築する

　金利にかぎらず経済、マーケット(市場)動向を的確に予測していくためには、以下の3つのステップをとります。

①情報収集→②フィルタリング→③シナリオ構築

　この3つのステップを何度も繰り返し、自分が構築した「**予測シナリオ**」の精度を判断し、必要であれば修正していくという、絶え間ない作業を、地道に根気よく続けるのです。
　①〜③のステップは、以下のように行います。

①情報収集
　当然ですが、できるかぎり手広く行うのがベストです。まず、新聞各紙、ロイター・ブルームバーグなどの海外メディアのニュース、国内外の官公庁発表資料があります。そのほかに、インターネット上に膨大な情報があります。
　しかし、ただやみくもに情報を集めるだけでは、量が多すぎて整理しきれず、収拾不可能に陥ってしまいかねません。

経済予測の基本手順

```
情報収集 → フィルタリング（取捨選択） → シナリオ構築
   ↑                                            │
   └──────────── 何度も繰り返す ────────────────┘
```

　また、誤った情報や信頼性の低い情報、誤解を招く情報などが混在するリスクも高くなるので、次のフィルタリングが必要です。

②フィルタリング

　重要度に応じて情報を取捨選択することです。情報の重要度は、そのときの経済やマーケットの状況などで変わってくるので、経験の蓄積がモノをいう作業です。

③シナリオ構築

　選択した情報のブロックを組み合わせて、「予測シナリオ」という1つの形をつくります。この際、頭を整理するため、「景気」「物価」「金融政策」「財政政策」「需給」の5つの要素を、常に念頭においています。需給とは、債券市場の債券需給、短期金融市場の資金需給のことです。

▶ 名目GDPをみれば長期金利の動向を読める

では、金利予測でとくに重要なポイントについて説明しましょう。

①短期金利

日本銀行の金融政策でほとんど決まってきます。このため、短期金融市場は「日銀の庭先」と呼ばれることもあります。

②長期金利

一般的に、以下の3つの要因で決まってきます。

- **期待実質成長率**（将来期待される実質GDP成長率）
- **期待インフレ率**（将来期待される物価上昇・下落率）
- **リスクプレミアム**（債券価格変動リスク、財政政策関連リスクなど、さまざまなリスクに応じて上乗せされる金利部分）

長期金利が決まる3つの要因をどう考えるか説明しましょう。

まず、経済学では「期待実質成長率+期待インフレ率＝期待名目成長率」となります。期待名目成長率とは、物価動向を含んだ、将来期待される経済（GDP）成長率のことです。

このことから、上記の「リスクプレミアム」を除外して長期金利の動向を読むとすれば、「名目GDP」（物価動向を含んだ国内総生産）の動きをみればいい、という結論になります。

右の図は、日本の名目GDPの伸び率（前年度比）の推移です。1996年度に前年度比プラス2.3％を記録したのを最後に、プラス2％を大きく下回る水準で低迷し続けています。1998年度以降の12年間のうち、半分はマイナス成長です。

さらに、日本の名目GDPの伸び率（年平均）は今後10年間、

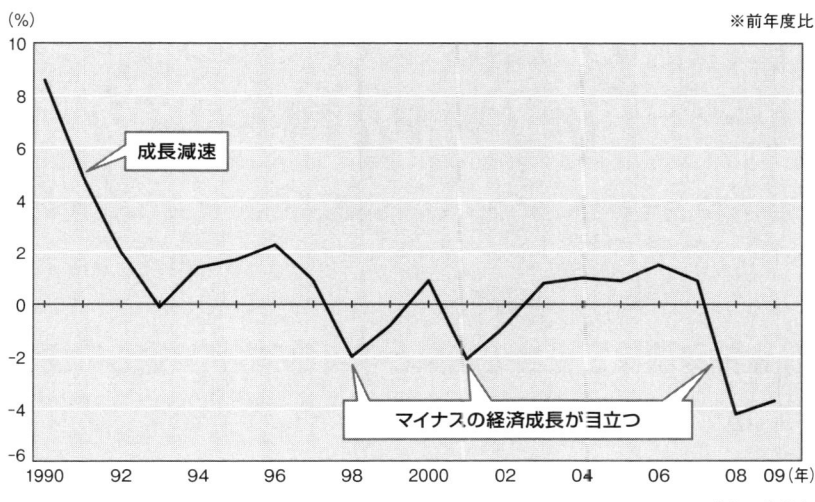

プラス2％を超えるようなことは考えにくい、といえるでしょう。

118ページで、長期金利の代表格である「10年物国債利回り」が、「2％の壁」を超えられないと述べました。その最大の理由は、名目GDPの伸び率が2％を超えないからなのです。

長期金利が持続的に2％を上回るためには、何が必要でしょうか。

それは、日本経済がデフレを脱却し、名目GDPの伸び率が持続的にプラス2％を上回るような見通しが立つことです。しかし現在、それはかなり難しいことだといえるでしょう。

ここまでは、リスクプレミアムを考慮せずに、日本の金利上昇の可能性について説明しました。しかし、現在の日本は、「**財政赤字**」という大きなリスクプレミアムの原因を抱えています。これが拡大して金利上昇が起きる可能性があります（→P224）。

02 日銀の金融政策の方向性を読む判断資料は？

金融政策決定会合の結果と、経済の現状と先行きを日本銀行がどうみているかが大事。

→金融政策決定会合の結果と年4回の経済見通しに注目

　ここでは、日本銀行（日銀）の金融政策の方向性をどのように知るかについて説明します。

　政策金利決定の場は、政策委員会が毎月開催する「**金融政策決定会合**」です。そして、会合終了後ただちに、会合の結果が書かれた「**金融市場調節方針に関する公表文**」が公表されます。

　まず、速報性の高い公表文に注目します。公表文には以下の4点が記されています。

①**無担保コール翌日物金利の誘導水準**（次の金融政策決定会合まで）
②**景気・物価・金融情勢の現状認識と先行きの中心的な見通し**
③②の見通しに対する**上下双方向のリスク要因**
④①～③を踏まえた**金融政策運営の方向感**

　さらに、会合終了後には、日銀総裁が記者会見を行います。翌日には、公表文よりも詳しい景気・物価判断の文書、「**金融経済月報**」も公表されます。会見と月報も速報性の高い情報です。

　さらに詳しい情報は、一定の時間を待たなくてはなりません。会

合の議事要旨は、その次の会合終了から1週間以内、政策委員の個別発言を記した詳細な議事録は、10年後に公表されます。

　よりまとまった日銀の経済見通しは、毎年4月下旬・10月下旬公表の「**経済・物価情勢の展望（展望レポート）**」でわかります。
　展望リポートには、以下の3つの経済指標の足元（現在）と先行きについて、政策委員の見通し（年度ベース）が書かれています。
①**実質ＧＤＰ**
②**国内企業物価指数**
　企業間で取引される商品の価格を指数化したものです。企業間取引の価格動向は、経済の需給動向を敏感に反映するので注目です。
③**消費者物価指数（ＣＰＩコア）**
　消費者が実際に購入する小売段階の価格を指数化したもので、最も重要な物価指数です。価格変動が激しい生鮮食品は除いています。

　毎年1月・7月には、先に公表された展望レポート中の経済見通しの「**中間評価**」が行われます。実際の経済状況が、「上振れている」「見通しにおおむね沿っている」「下振れている」の3つのどれに当てはまるのかについて、日銀が判断しています。
　中間評価で改めて、最新の見通し数値が公表されます。つまり、**日銀の経済見通し数値の公表は、年4回**になるわけです。
　他にも、さまざまなレポートや論文、統計が公表されます。また、総裁、副総裁、審議委員が行う講演、記者会見も見逃せません。
　以上の情報は、日銀ホームページにすべて掲載されています。金融政策の方向性を読むためには、日銀が発するさまざまな情報を入手・分析することがきわめて大事なのです。

03 金利動向を読むために注目する日本の経済指標

鉱工業生産、日銀短観、実質GDP・第1次速報値、機械受注、消費者物価指数が重要。

→ 5つの経済指標から経済と金利の動向を判断できる

　金利動向を読む判断材料の大きな柱は、景気や物価の動きを示す「**経済統計**」です。ここでは5つの主要指標を説明します。

①**鉱工業生産**（経済産業省が毎月発表）

「鉱工業」（製造業が中心）の生産・出荷・在庫の状況を指数化した指標です。ここから「**在庫循環**」の動きをつかみます。在庫循環とは、企業の在庫が増えたり減ったりする波のことです。

　景気循環（→P114）は、在庫循環と連動しています。

・景気が良いとき

　企業の出荷が増える→在庫が減る→企業は生産を増やす→残業手当が増える→消費が増え、出荷がもっと増える→生産をもっと増やし、在庫の積み増しに動く→設備投資も増える

・景気が悪いとき

　企業の出荷が減る→在庫が増える→企業は生産を減らす→残業手当が減る→消費が減り、出荷が減る→生産を減らし、在庫の削減に動く→設備投資も減る

金利動向を読み解く5つの経済指標

❶ **鉱工業生産**(毎月発表)
製造業の生産活動状況がわかる

❷ **日銀短観**(四半期ごとに発表)
企業が抱いている景況感がわかる

❸ **実質GDP・第一次速報値**(四半期ごとに発表)
日本経済全体の状況がわかる

❹ **機械受注**(毎月発表)
企業の設備投資状況がわかる

❺ **消費者物価指数**(毎月発表)
小売段階のモノ・サービスの価格動向がわかる

つまり、鉱工業生産の状況から次のことがわかります。

- 前月比プラス→景気上向き・金利上昇の要因
- 前月比マイナス→景気下向き・金利低下の要因

鉱工業生産(速報)発表と同時に、「**製造工業生産予測指数**」も発表されます。製造工業生産予測指数とは、発表翌月・翌々月の生産動向の予測数字です。速報性の高さからとても注目されます。

②**日銀短観**(全国企業短期経済観測調査。日銀が四半期ごとに発表)
日銀が企業に直接アンケートして、景気の現状と先行きについて調査した結果です。日銀の金融政策運営への影響が大きい指標とされています。数多くの調査項目がありますが、とくに重要なのは、企業マインド(企業が抱く景況感)を示す「**業況判断指数(DI＝**

ディフュージョン・インデックス)」で、以下のことがわかります。

> ・プラス→景気上向き・金利上昇の要因
> ・マイナス→景気下向き・金利低下の要因

③**実質GDP・第1次速報値**（QE、内閣府が四半期ごとに発表）
　実質GDP（国内総生産）の最も早い公表数値で、日本経済全体の状況をつかむことができる指標で、以下のことがわかります。

> ・前期比プラス→景気上向き・金利上昇の要因
> ・前期比マイナス→景気下向き・金利低下の要因

　ただし、該当する四半期の約2カ月後に発表されるので、やや遅めの指標です。情報に対する反応が早い金融市場では、材料視（相場を動かす要因とみなすこと）されることは多くはありません。また、発表後の数値改定が非常に多いのが問題です。

④**機械受注**（内閣府が毎月発表）
　設備投資をする企業が、機械メーカーに発注する段階での受注額を集計した数値です。船舶・電力を除く民需ベースの数字は、実際の企業の設備投資よりも3〜6カ月先行する指標なので、注目されています。機械受注の状況から、以下のことがわかります。

> ・前月比プラス→景気上向き・金利上昇の要因
> ・前月比マイナス→景気下向き・金利低下の要因

ただし、特定の業種が巨額の設備投資案件を発注した場合、その月の数字が、前月比を大きく上回ることがよくあります。そのため、１カ月のみの数字にはあまりこだわらないようにします。

⑤消費者物価指数（ＣＰＩ、総務省が毎月発表）

　消費者が実際に購入する小売段階でのモノとサービスの価格を指数化したもので、物価動向を知るための最も重要な指標です。数多くの数字がありますが、「総合」「生鮮食品を除く総合（ＣＰＩコア）」「食料・エネルギーを除く総合（欧米型コア）」の３つが代表的です。物価指数の状況から、以下のことがわかります。

> ・前年同月比プラス→物価上昇・金利上昇の要因
> ・前年同月比マイナス→物価下落・金利低下の要因

　市場もマスコミも通常、ＣＰＩコアの数字に注目します。ただし、ＣＰＩコアは、エネルギーを含んでいます。たとえば原油価格の急激な値上がりで、一時的にガソリン価格が高騰した場合、ＣＰＩコアの上昇率も相当高くなってしまうという難点があります。

　そこで私は、物価の基本的な動きを知るために、エネルギーが除かれている欧米型コアを重視しています。

　最後に、私たちが日常感じる「**生活感覚**」も重要です。
　なぜなら、消費者物価統計の調査は万能ではないからです。たとえば、「食料品や衣料品の値下がりが続いている」と感じたら、デフレ（物価下落）が進んでいる兆候かもしれません。その場合、市場金利は、いずれ低下する可能性が高いといえます。

04 日本の金利が欧米よりも低いのはなぜ？

日本は、将来期待される経済成長率と物価上昇率が低い。この面からは、長期金利の大幅な上昇が見込めない。

→ 米国・ドイツと比べて日本の長期金利は低水準

　欧米各国の主要政策金利は、2008年後半に発生した世界的な金融危機を経て、日本と同じような超低水準にとどまっています。

　このため、欧米各国の短期金利の水準も、日本の短期金利と同じような低い水準になっています。

　ところが、長期金利に目を転じると、日本と欧米ではかなりの差があります。たとえば、10年物国債利回りは、日本が1％台に対して、ドイツが2％台、米国が3％台になっています（2010年6月現在）。

　その理由は、米国・ドイツと比べて、**将来期待される日本の名目GDP成長率が低い**からだと考えられます。

　現在の日本はデフレが慢性化していて、脱却する見通しも立っていないので、長期金利の水準はどうしても低くなってしまうのです。

→ 現在の低金利は日本経済の実態を反映している

　私は時々、年配の方から「日銀は早く正常な金利水準に戻すべきだ」「ゼロ％近い水準は異常だ」という声を聞きます。

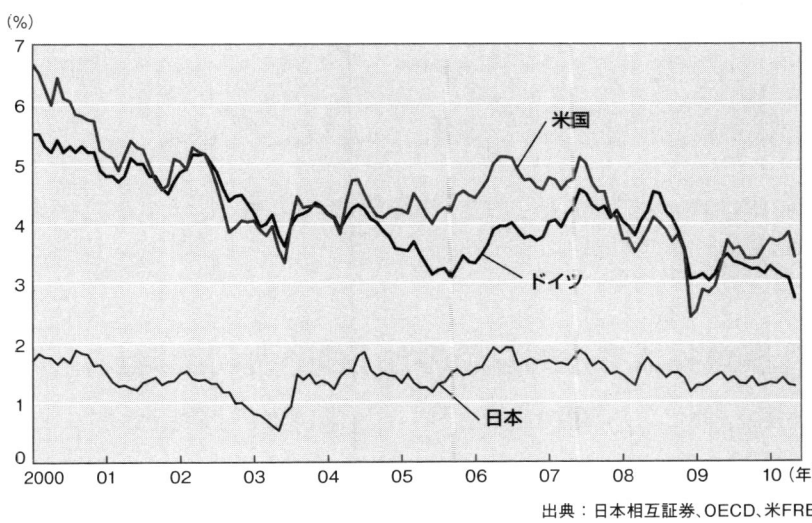

日本・ドイツ・米国の10年物国債利回りの推移

出典：日本相互証券、OECD、米FRB

たしかに、年金やこれまで蓄えてきた預貯金で暮らしている人たちにとって、超低金利はつらい環境です。「もう少し金利が上がってほしい」と願うのはごく自然なことだと思います。

しかし、日銀が、現実の経済の状況からかけ離れた短期金利の水準を無理につくり出すと、景気に大きなダメージを与えます。

1995年9月に日銀が公定歩合を0.5％に引き下げて以来、政策金利は約15年にわたって0％台になっています。あまり長く低金利が続いたため、「異常な超低金利」というマスコミ報道もみかけなくなりました。

金利水準が異常なのではなく、ゼロ％台が15年も続くほど、日本経済の体力が弱っていると理解するべきなのです。

05 「悪い金利上昇」が起こると経済はどうなる？

景気は低迷しているのに、財政事情の悪化で国債の大量売却が発生すると、大変危険。

➡ 景気拡大をともなうのが「良い金利上昇」

　金利上昇には、「**良い金利上昇**」と「**悪い金利上昇**」があります。

　116ページで、市場金利には、景気の行きすぎを防ぐ機能があると説明しました。たとえば、景気が良くなって企業や個人の資金需要が増えてくると、「良い金利上昇」が起こります。「良い金利上昇」は、**景気回復の流れを壊すことなく、景気の過熱を上手に抑えながら、金利が上昇していく**という働きをするのです。

　もし、「良い金利上昇」がまったく起こらなければ、経済はどうなるでしょうか。景気が十分に回復しているのに、中央銀行が政策金利を引き上げないケースのことです。

　好景気にそぐわない低金利は、過剰な設備投資・個人消費を招きます。その結果、**景気は過熱してインフレが起きやすくなります**。

　1989年にピークを迎え、翌90年に崩壊した日本のバブル経済で、この状況が起きました。バブル発生・拡大の理由は、1986年頃から日本銀行が行っていた低金利による金融緩和政策が長期化したためだといわれています。たとえば、1987年2月の公定歩合（→P83）は2.5％。当時としては異例の低金利でした。

良い金利上昇と悪い金利上昇

良い: 景気上昇 → 景気過熱 → 安定成長
　　　　　　　　　　↑
　　　　　　　利上げによる金利上昇

悪い: 景気低迷 → 財政事情悪化 国債大量増発 → 景気に大打撃
　　　　　　　　　　↑
　　　　　　　国債大量売却 金利上昇

　その結果、日本経済はカネ余り現象が起きて、余ったお金が土地や株などに投資され、どんどん値上がりしてバブルとなったのです。以上のことから、自然な金利上昇には、景気が良くなっている必要があることがわかります。

➡ 景気以外の要因で上がるのが「悪い金利上昇」

　一方で、**景気が悪いのに、金利だけがどんどん上昇してしまう**「悪い金利上昇」というケースもあります。

　「悪い金利上昇」では、景気動向以外の要因から長期金利が上昇します。たとえば、国の財政事情が大幅に悪化し、それにともなって国債を大量増発するのが典型的です。

　日本経済の実態からすれば、金利が大きく上昇する要因はどこに

も見当たりません。しかし、もし日本の財政事情がよりいっそう悪化し、国の借金（国債）を返済できない債務不履行（デフォルト）のおそれが出てきたら、国内外の投資家の多くは、こぞって保有している日本国債を売り、以下のような流れになります。

> 国債の売却増加→国債価格の下落→国債利回り上昇

長期金利の指標である「10年物国債の利回り」が上昇すれば、国内の他の長期金利も上昇します。
また、「より高い金利をつけないと誰も日本国債を買わない」という事態になれば、金利上昇のペースはさらに加速します。
長期金利が上昇し始めたら、ただでさえ低迷している日本の景気は、回復不可能なほど落ち込んでしまいます。

最近では、2010年春に財政危機に陥ったギリシャで、典型的な「悪い金利上昇」が起こりました（ギリシャ危機→P98）。
危機直前のギリシャは、経済が低迷し、財政赤字が名目GDPの13.6％（2009年）まで膨らんで、市場の信頼を失っていました。
そして、格下げをきっかけにギリシャ国債の大量売却が起きて、ギリシャ国債10年物の利回りは、一時10％超まで急上昇しました。
ギリシャの財政危機は、特殊なケースだとはいえません。GDPに対する政府債務（国債・地方債など）の比率（2009年）は、ギリシャの115％に対し、日本はなんと189％にも達します。実は、**日本は先進国中、ワーストワンの借金大国**なのです。
231ページでは、なぜ現在の日本で、国債暴落が起きていないのかという理由について説明します。

06 日本経済の「トリプル安」が続く危険性はどのくらい？

株安・円安・債券安（金利上昇）が同時に起こる「トリプル安」が続く危険性は今のところ小さい。

➡ 株・円・債券すべての価値が下がる「トリプル安」

　日本は「**トリプル安**」が続く危険性があるという意見があります。トリプル安とは、「**株価下落**」「**為替相場が円安方向に動く**」「**債券相場下落（長期金利上昇）**」の3つが同時に起こることです。

　株・円・債券すべてが売られて、投資資金が日本から流出する現象なので、とても悪い市場の動きです。当然、景気は悪いのに長期金利が上昇するので「悪い金利上昇」にもなります。ひとたび「トリプル安」が発生すると、マスコミに大々的に報道します。

　しかし、それほど大騒ぎするものでもないと思います。なぜなら、株価と円相場の「ダブル安」は、一定期間続きますが、債券も同時に売られ続ける「トリプル安」の可能性は、少なくともここ数年内は小さいと考えるからです。

　その理由は以下の2つです。

①国内の機関投資家が円建て資産を好む

　債券市場では、日本国内の銀行や生命保険などの金融機関のプレゼンス（存在感）が大きく、彼らは、運用の原資（元手）となる資金を、預金や生命保険料といった「円のお金」で手に入れています。

彼らは通常、円資金を安全に運用するためには、日本国債などの円建ての資産で運用するのが一番だと考えています。なぜなら、もし米国ドルなどの外貨建ての資産で運用した場合、円高（円の価値上昇・外貨の価値下落）によって、円換算の資産額が目減りするリスクがあるからです。

　つまり、海外の国債や株式で運用することは、金融商品自体の価格が下がる「**価格下落リスク**」に加えて、「**為替リスク**」も抱え込まなければならないというわけです。

　以上のことから、国内の銀行や生命保険は、円建ての資産を中心に運用しています。そして、債券相場がある程度下落（長期金利がある程度上昇）すると、運用のうま味が増したと判断して「債券買い」に動く可能性が高いのです。

②国債の大半を国内の投資家が保有

　日本国債の9割以上は、日本国内の投資家が保有しています。外国人の保有シェアは非常に小さいのです。逆に、米国債の場合は、約半分を海外の投資家が保有しています。

→ 個人投資家の将来の行動が鍵を握る

　ただし、個人投資家が預金や生命保険を大量に解約して、手にしたお金を外国の債券や株式の購入、あるいは外貨預金に回す動きを強めると、話は変わってきます。

　こうした国外にお金が逃げていく動きを「**キャピタルフライト（資本逃避）**」といいます。

　キャピタルフライトが起きると、運用の原資になる資金を預金や生命保険料で集めていた金融機関は、運用資金が減り、債券（国債）

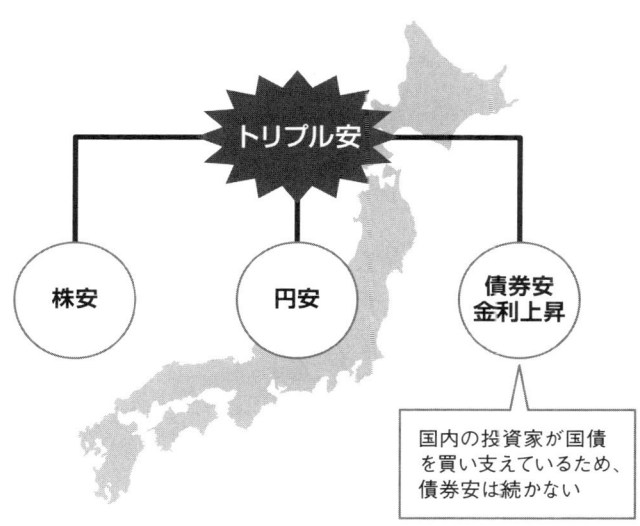

を売却しなくてはなりません。

　では、日本人はどの程度、海外で資金を運用しようと考えているのでしょうか。

　日銀が四半期ごとに発表している資金循環統計（2009年12月末時点）をみると、家計の金融資産は1400兆円超です。

　これに対し、外貨預金、対外証券投資（外国の債券や株式の購入）、外貨建て投資信託の合計は約19兆円で、全体の1％強にとどまります。

　つまり、日本人は、**「ホームバイアス」（自国内で資金を運用しようとする傾向）が非常に強い**のです。しかし、このまま日本の国力が低下する一方だと、この傾向が将来どうなるかはわかりません。

　日本で「トリプル安」が続くか、という質問には、「持続しない。ただし将来もそうした状態が続くとは限らない」が答えです。

07 米国債の暴落説は信用できる?

ドル建ての米国債に代わって受け皿となる他通貨建ての資産がない以上、暴落説は信用できない。

→ あいまいな「暴落」の定義

　日本人が大好きで、経済学者の中にも唱える人がいるのが「**米国債暴落説**」、あるいは「**ドル暴落説**」です。

　最も信用度の高い資産である「米国債」が暴落したり、基軸通貨の「ドル」が暴落すれば、世界経済は大混乱に陥りますから、大胆な予想シナリオで興味深いとはいえます。

　しかし、大胆なシナリオを単純に信じ込むのは賢明とはいえません。その見方が自分の考え方の基本線（軸足）とかけ離れたものであればあるほど、「健全な懐疑心」をもって慎重に検証する必要があります。

　まず、**米国の財政は慢性的な赤字なので、米国債を大量に発行することで資金調達をしています**。そして、米国債の半分を買っているのは、海外の投資家です。

　もし米国債が売れ残ってしまったら、米国政府の資金調達に支障が出るだけではなく、米国の金利急騰・財政危機の要因にもなりかねません。したがって、市場は毎回、米国債の入札結果をみて一喜

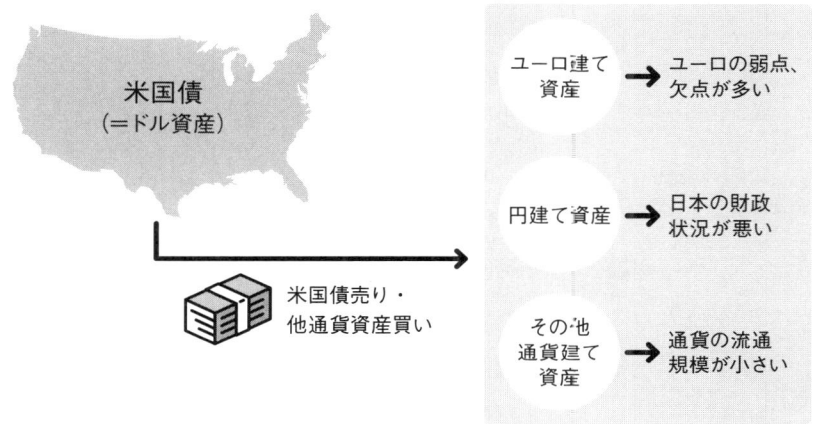

一憂しているのです。

➡ 米国債相場の下落はあっても一時的でしかない

　米国債・ドル暴落説の根拠には、①米国の財政赤字急増によって米国に対する市場の信認（信頼）が失われた、②2008年後半の金融危機によって米国の巨大バブルが崩壊して米国経済が長期不況に陥った、という見方がよくあります。

　米国債・ドル暴落説は信用できるのでしょうか。

　私の答えは「NO」です。そもそもの問題として、「暴落」とはどのような状況を指すのかという定義が不明確です。

　何らかの悪い材料が出て、米国債が一時的に売り込まれる状況は、過去に何度も起きています。

　たとえば2009年6月前半、ロシアの中央銀行の高官発言などを

材料に、「ロシアがユーロ建ての外貨準備を増やすため、保有しているドルを売る」という憶測が市場に流れました。世界的な「ドル離れ」が連想され、米国債が大量に売られました。これによって、米国債10年物利回りは、4.0％まで急上昇しました。

しかし同年6月後半には、早くも米国債買い戻しの動きが強まって、6月末頃には利回りが3.5％を下回りました。

このように、一時的に米国債の相場が大幅に下落しても、いずれ投資家の押し目買い（一時的に価格が下がったところをねらって買うこと）が入って、価格が急反発することがよく起こるのです。

つまり、**下落相場は普通は元に戻りますし、相場下落は長く続かない**ので、「暴落」は実にあいまいな言葉なのです。

⇒米国債に代わる金融資産は見当たらない

とりあえず、信認に深い傷を負った米国債の相場が大幅に下落し、しかも反発してこない状況を想定してみましょう。

ここで大事なのは、**「その先」を考えること**です。つまり、米国債から流出したマネーの「行き場」はどこか、ということです。

基軸通貨のドル建てで、世界で最も信用度の高い金融資産（米国債）からマネーが大量に流出する場合、ドル以外の通貨建ての金融資産が中心的な「受け皿」になる必要があります。

しかし、2010年のギリシャの財政危機で浮き彫りになった「制度的欠陥」（→P194）などからみて、ユーロはドルの受け皿となる通貨ではないでしょう。また、財政状況が先進国の中でもとくに悪い日本の円は、やはり受け皿になる通貨ではありません。

つまり、**ドルや米国債に代わる存在が世界に見当たらない**ので、「暴落説」は今のところ、信憑性が低いとみておくべきです。

08 日本国債の暴落説は信用できる？

今から約10年後に国債増発の余地が消滅し、国債消化の危機が訪れる可能性が高まる。

→ 国債暴落を招く2つのシナリオ

「**日本国債暴落説**」も、よく語られるテーマです。

まず、日本円は基軸通貨ではありません。次に、日本国債は、金融危機が起こったとき、リスクを避けるために、世界のマネーが大量に流入（「質への逃避」という）する投資対象でもありません。

つまり、228ページで述べた米国債と違って、日本国債は**マネーの「受け皿」となるには不十分な投資対象**というわけです。

また、日本経済は、①**人口減少・少子高齢化の進行**、②**慢性的なデフレ**、という米国にはない2重苦を抱えています。この2重苦が、日本の財政再建を難しくしているのです。

222ページで、国の財政事情悪化によって市場の信頼を失い、景気低迷と金利上昇が同時に起こる「**悪い金利上昇**」について説明しました。日本国債が「暴落」と呼びたくなるような下落をするときというのは、「悪い金利上昇」が①ある程度大きな上昇幅で突如発生し、しかも②持続性がある、という状況なのでしょう。

では、日本国債のピンチはいつ訪れるのでしょうか。

それは、225ページで「トリプル安」が起こりにくい理由とし

て述べた、「国債相場を支えている要因」が消滅したときです。

日本国債「暴落」のシナリオは、以下の2つが考えられます。

①キャピタルフライトの発生

日本の個人投資家が円建ての金融資産で資金運用するのをやめて、外貨建ての金融資産で資金運用する傾向（**キャピタルフライト**）が強まったときに、国債は「暴落」します。

②政府の借金増加による資金繰り危機の発生

日本の個人投資家が、円建ての金融資産を中心に資金運用する傾向（ホームバイアス→P227）は基本的に変わりません。

やがて、国債・地方債が大量増発されて政府の借金が増え続けると、ついに、その額が家計金融資産（約1400兆円）を中心とする国内マネーの額を上回ってしまいます。

すると、海外マネーが国債を大量に買ってくれないと、国の資金繰りが成り立たなくなります。このとき、国債は「暴落」します。

2010年度の国の予算は、過去最大の約92兆円。歳入不足を埋めるための新規国債発行額は、過去最大の約44兆円になりました。

2009年末の予算編成をみていた市場関係者は、②のシナリオが将来、現実化してしまうリスクがあることを痛感したでしょう。

このまま日本の借金が増え続ければ、「市場から日本が『ＮＯ』をつきつけられる日（＝日本国債が買われなくなる日）」が、間違いなく訪れるということです。

➡ 10年後の2020年頃、「国債暴落」の確率が跳ね上がる

日本国債にどのくらい「発行余地」が残されているかについて、

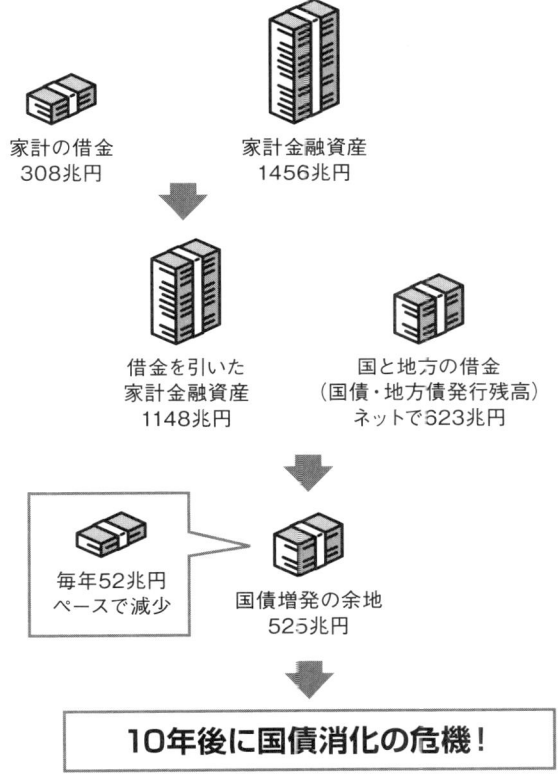

出典:日本銀行資金循環統計(2009年12月末時点)より筆者作成

　日銀の資金循環統計(2009年12月末時点)を基に考えてみます。
①家計金融資産は1456兆円。ここから借金を引くと1148兆円。
②国債・地方債残高は「負債−資産」のネットで623兆円。
③差額は525兆円(①1148兆円−②623兆円)。つまり、国債・地方債がさらに525兆円増発されても、国内の投資家が買ってくれる「余地」がある計算になります。

では今後、525兆円の「余地」はどうなるのでしょうか。
①家計金融資産
　以下の2点から今後大きくは増えないでしょう。
・賃金伸び悩み、超低水準の預金金利、株価低迷が続いていること
・国民の高齢化が進むと、預貯金が取り崩されること
②国債と地方債の残高
　赤字財政が続くかぎり、どんどん増え続けます。

　以上のことから今後、頼みの525兆円の「余地」は、年々減少していくのです。
　過去3年間の縮小ペースを振り返ってみると、「余地」は毎年52兆円のペースで減少（年平均）しています。今後も毎年52兆円減るとして機械的に計算すると、10年間で520兆円（52兆円×10年）減少して「余地」が消滅してしまいます。
　日本は10年後の2020年頃、「**国債消化の危機**」が発生する確率が跳ね上がるのです。「市場は経済を先読みして動く」ことを考えると、その時期は早まる可能性もあります。

　日本国債の「暴落」は当面は起こりませんが、「大丈夫」な期間には限りがあると理解しておくべきでしょう。約10年後の日本は、「国債消化の危機」と「悪い金利上昇」が発生する可能性が、現在よりもはるかに高くなっているのです。
　今後の日本国債の命運を握るカギは、以下の3点です。
①日本経済はデフレを脱却できるか
②日本政府は財政規律（健全な財政運営）を維持できるか
③日本の個人マネーはどこに向かうか（キャピタルフライトの有無）

09 内外金利差が注目されてキャリー取引が行われる

各国間の金利には高低の差がある。そこに目をつけて、機関投資家は金利差益を得ている。

→ 低金利通貨で調達し、高金利通貨で運用する

　世界各国の金利には高低の差があります。世界中の機関投資家は、この金利差を利用して、「**キャリー取引（キャリートレード）**」を行って利益を得ています。

　キャリー取引とは、低金利通貨で資金調達し、高金利通貨で資金運用をする手法です。

　2008年前半までは、低金利の円・スイスフランが資金調達に使われていました。日本銀行が量的緩和（→P161）を行っていた2001～06年には、活発な「**円キャリー取引**」が行われていました。

　しかし、2008年後半の世界的な金融危機で、急激な市場変動が起きたため、ヘッジファンドなどに巨額の損失が発生。リスクを避けようとする空気が支配的になったため、「円キャリー取引」は少なくなりました。

　たとえば、米国中央銀行のFRB（→P182）は、政策金利のFFレート翌日物の誘導水準を0～0.25％に引き下げたので、米国の短期金利は0％台の超低水準となっています。

　最近では、低金利のドルで資金調達して、高金利の新興国・資源

国で資金運用する「ドルキャリー取引」も行われています。

→ キャリー取引にひそむ大きなリスク

しかし、グローバル化を象徴するキャリー取引は、以下のような大きなリスクをともないます。

①為替相場の変動リスク

資金運用している通貨の相場が急落してしまうと、金利差では儲かっていても、為替相場で損が出てしまいます。

②調達通貨の利上げリスク

通常、資金調達は短期資金の借入れで行われます。もし、調達通貨国の中央銀行が利上げするという観測が強まると、短期金利が急上昇します。すると、たちまち調達通貨と運用通貨の金利差は、縮小してしまいます。

③貸し手が早期返済を要求するリスク

短期資金の貸し手が早期返済を要求してくると、ヘッジファンドなどの投資家は、資金繰りがつかなくなります。仕方なく、運用していた資産を利益度外視で投げ売りして、借入れを返済します。

④キャリー取引解消の動きが活発化するリスク

③のキャリー取引を解消しようとする動きを「巻き戻し」といいます。巻き戻しがいっせいに起きると、今までキャリー取引の投資対象になっていた運用資産（高金利の国の債券や株式など）が売られて価格下落が激しくなります。すると、キャリー取引を行っていた投資家は、資産価格の下落で多額の損失を出してしまいます。

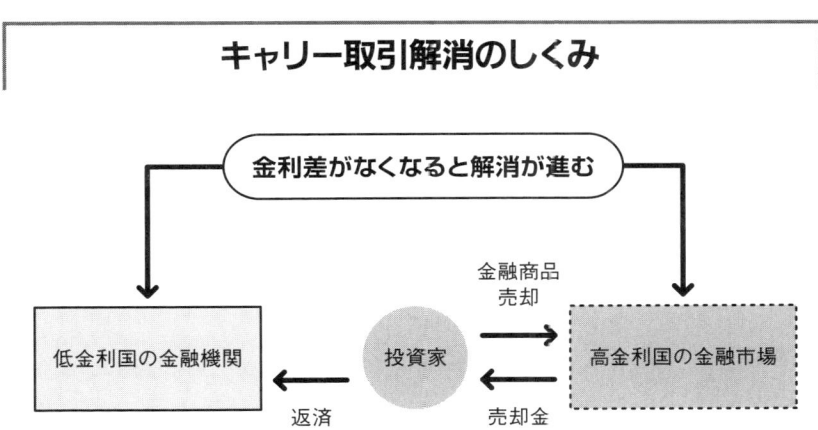

10 国内、海外の要人発言はこう読め!

要人発言を鵜呑みにするのは危険。発言者の特性を把握して、重要な発言部分を見極めることが必要。

➡ 発言者の立場に立って考えてみるクセをつける

　金利動向を読むときに最も重要な材料になるのが、「経済統計」(→P216) と**「要人発言」**です。

　要人発言とは、政府や中央銀行などの重要機関に所属する重要人物の発言(情報発信)のことです。要人発言を分析するためには、以下の2つのポイントを押さえておく必要があります。

①**発言した人(または組織)は、どのような立場の人(組織)か**
②**発言した人(または組織)にとって、発信した情報をどのように受け止めてもらえると最も都合が良いか**

　①と②は、発言者の立場に身を置いて(なりきって)考えてみるということです。すると、今までみえてこなかったものが、みえてくることが少なくありません。

　たとえば、国内外の政府当局者が、経済動向についてコメントしたとします。この場合、発言者が置かれている立場上、講演や記者会見での発言内容が「この国の経済は当分ダメだ」といった悲観論

を、話の最後（シメ）にもってくることは、まずありません。

「経済は厳しい状況が当面続くだろう」というような率直で悲観的な経済情勢分析に、話の大半が割かれたとしても、話の最後には、「いずれ景気は回復するはずだ」というような楽観的なシナリオが示されることになるのが普通です。

→ 話の結論部分だけに注目すると判断を誤りやすい

要人発言は、過去の成功体験を述べることで国民を鼓舞することもよくあります。

たとえば2010年4月7日、バーナンキFRB議長が講演を行いました。バーナンキ議長は、企業が新たに人を雇う動き（雇用）と銀行貸出の双方が、「非常に弱い」と指摘した後、米国経済は「苦難を脱するにはほど遠い」と語りました。

しかし、講演の最後では、「米国が困難を克服できるかどうかについて、私は楽観的だ」「歴史が何度も示してきたように、米国経済には柔軟性や回復力が備わっている」と力強く語りました。

要するに、政府当局者が経済についてコメントする場合、程度の差こそあれ、話の結論部分では、プラス方向になるのです。

もし、マスコミが、楽観的な結論部分を中心に取り上げるバランス感覚を欠いた報道をしてしまった場合、情報の受け手は判断を誤りかねません。

これを避けるために、**マスコミ報道を鵜呑みにせず、要人発言がすべて記された元の資料をきちんとチェックする**ことが大事です。

1990年代の日本は、景気回復をねらった政府の大型経済対策が何度も決定されました。この時期、「経済対策の効果で今度こそ景

気は回復する」といった、太平洋戦争中の「大本営発表」のような政府・与党幹部の発言がよく聞かれました。大本営発表とは、まったく信用できない公式発表という意味です。

　日本経済は、バブル崩壊の後遺症と不良債権問題（金融機関の貸し倒れ問題のこと）が根深く、景気回復が長続きすることはありませんでした。

　この時期、日本の市場参加者は、「大本営発表」をまず疑ってかかることの大切さを学ぶことになりました。

→ 「ポジショントーク」と「ヘッジをかける」

　マーケット（市場）には、「ポジショントーク」「ヘッジをかける」という言い回しがあります。

①ポジショントーク

「自分の立場や保有資産を少しでも有利な状況にしたい」という願望が込められた発言です。客観的ではなく主観的な色彩を帯びた発言内容になります。

　たとえば、株価が上昇すると手にする収益が増える立場にある人の口からは、強気の株価見通しが語られることが少なくありません。

②ヘッジをかける

　自分が示している見通しや予想が外れてしまうケースに備えて、ある種の「逃げ道」を発言の中に盛り込むことです。

「予想以上に〜となる可能性は否定できない」「〜になるリスクもある」といった言い回しが典型例です。

　閣僚の国会答弁や白川日銀総裁の講演をみるとよくわかります。日本の政策当局者もヘッジをかけることを多用しています。

要人発言の特徴

政府要人の発言
- 楽観的な見通しを語る
- 結論部分ではプラス方向になる

ポジショントーク
- 自分の立場や保有資産を有利にする発言
- 客観的ではなく主観的な内容

ヘッジをかける
- 「逃げ道」を発言中に盛り込む
- 見通しや予想が外れるリスクを警戒する

　要人発言に接する際は、その**「発信元」の特性を把握し、その発言内容の中で本当に重要なのはどの部分なのかをよく考えてみる**ことが必要です。これは、金利動向を的確に予測するうえで、とても重要なテクニックです。

Part 8

投資の金利・利回りに強くなろう

01 はじめに単利計算の方法を覚えよう

資産運用には「利回り」の考え方が欠かせない。最初の基本は「単利計算」。

→ 単利計算のやり方

「利回り」とは、元の金額がどのくらい増えたか、あるいは減ったかという割合を表す、とても重要な指標です。

たとえば、資産運用を考える際、利回りの考え方を知っていれば、自分にとって最も有利な運用方法を選択できます。また、お金を借りる際も、最も有利な借り方を選択できます。

Part 8以降は、利回りはいくらかを算出する「**利回り計算**」の方法について説明していきます。

利回り計算の基本は、元本だけに利息がつく「**単利計算**」です。「**単利**」とは、2年後、3年後……と運用期間が伸びていっても、元の金額のみに利息がついていくしくみのことです。単利の金融商品には、預入期間3年未満の定期預金、普通預金などがあります。

単利はとても簡単で、以下の公式で計算します。

$$元利（元本＋利息）合計額 = 元本 \times \left(1 + \frac{利率}{100} \times 運用年数\right)$$

それでは、金利が年2％、預入期間1年の定期預金に100万円を預けた場合、1年後にいくらになるか計算します（以下税金考慮せず）。

$$100万円 \times \left(1 + \frac{2(\%)}{100} \times 1(年)\right) = 102万円$$

2年後は以下のようになります。

$$100万円 \times \left(1 + \frac{2(\%)}{100} \times 2(年)\right) = 104万円$$

3年後は以下のようになります。

$$100万円 \times \left(1 + \frac{2(\%)}{100} \times 3(年)\right) = 106万円$$

→ 期間が1年に満たない単利計算

預入期間が1年に満たない場合の単利計算は、運用年数＝該当月数／12という分数式にして計算します。

3カ月後は以下のようになります。

$$100万円 \times \left(1 + \frac{2(\%)}{100} \times \frac{3}{12}(年)\right) = 100万5000円$$

6カ月後は以下のようになります。

$$100万円 \times \left(1 + \frac{2(\%)}{100} \times \frac{6}{12}(年)\right) = 101万円$$

02 複利計算の方法を覚えよう

複利の金融商品は利息を元本にプラスして運用するので、単利よりも有利になる。1年あたりの複利回数が多いほど良い。

→ 元本と一定の期間内に生じた利息の合計額に利息がつく

単利の次に覚える利回りは、「**複利**」です。複利とは、運用で得た利息を元本にプラスした「**元利合計額（元本＋利息）**」を新たな元本とみなして、利息がつくしくみです。

複利で利息がつく金融商品は、預入期間3年以上の定期預金、短期公社債（償還までの期間が短い債券）を中心に運用するMMF（マネー・マネージメント・ファンド）などがあります。

たとえば、100万円を年2％の定期預金に預けて複利運用すると、2年目から元本100万円に利息をプラスした合計額に対して、利息がつきます。

2年後からつく利息の額が増えるので、単利よりも複利の金融商品のほうが得です。元本と利息の両方に利息がつくので、「雪だるま式にお金が増えるしくみ」とよく表現されます。「**複利計算**」の公式は以下のとおりです。

$$元利合計額 = 元本 \times \left(1 + \frac{利率}{A \times 100}\right)^B$$

A＝1年あたりの複利回数　B＝運用期間中の全複利回数

　Aの1年あたりの複利回数とは、利息が元本に組み入れられるインターバルのことです。「1年複利」は1年ごとの組み入れ、「6カ月複利」は半年ごとの組み入れとなります。

　金利が年2％、6カ月複利、預入期間5年の定期預金に100万円を預けた場合、5年後にいくらになるかを計算してみます。

$$100万円 \times \left(1 + \frac{2(\%)}{2(回) \times 100}\right)^{10(回)} = 110万4622円$$

　電卓で乗数を計算するには、「×」キーを2回押し、次に「＝」キーを「運用期間中の全複利回数－1回」押します。結果は「110万4622.1…」。利息計算では、小数点以下は切り捨てます。

▶6カ月複利よりも3カ月複利が得

　Aの1年あたりの複利回数が多いほど、利息が増えるペースは早くなります。先と同じ条件の定期預金で、6カ月複利と3カ月複利で運用した場合を比べてみます。

　6カ月複利は上記の110万4622円、3ヵ月複利は以下になります。

$$100万円 \times \left(1 + \frac{2(\%)}{4(回) \times 100}\right)^{20(回)} = 110万4895円$$

　このように、同じ元本、金利、期間であっても、3カ月複利は6カ月複利よりも273円お得になります。

　定期預金などの金融商品選びの際は、提示されている金利だけではなく、複利回数のチェックも大事なのです。

03 課税繰り延べの金融商品は有利

満期まで課税が繰り延べされるケースと利息発生のたびに課税されるケースの利息を比べてみる。

➡ 金融商品の利息には20％の税金がかかる

　金融商品の利息には、源泉徴収（受け取る前に引かれること）で20％の税金がかかります。たとえば、金利が年2％、預入期間1年の定期預金に100万円を預けた場合、1年後の利息は、

100万円×2％＝2万円

　しかし、20％の税金がかかるので、実際に受け取る利息は、

2万円×80％＝1万6000円

　このように、金融商品には税金がかかりますが、課税の方法には、以下の2種類があります。

①課税繰り延べがある
　満期まで課税が先送りされ、満期時にまとめて課税されます。
②課税繰り延べがない
　利息が発生するたびに課税されます。

→ 運用期間が長くなるほど差が広がる

得するのは、①の課税繰り延べがある金融商品です。

運用期間5年、金利6％、6カ月複利の金融商品に、100万円投資したケースで、「課税繰り延べ」のある・なしを比べてみましょう。

①課税繰り延べのケース（満期時に課税）

まず税引前の元利合計額を出します。

$$100万円 \times \left(1 + \frac{6(\%)}{2(回) \times 100}\right)^{10(回)} = 134万3916円$$

34万3916円の利息に20％の税金がかかります。税引後の利息は、

$$(134万3916円 - 元本100万円) \times 80\% = 27万5132円$$

税引後の元利合計金額＝127万5132円

②課税繰り延べがないケース（6カ月ごとに課税）

この場合、金利6％が税金を引かれて4.8％（6％×80％）になったと考えて、6カ月複利の公式で計算します。元利合計額は、

$$100万円 \times \left(1 + \frac{4.8(\%)}{2(回) \times 100}\right)^{10(回)} = 126万7650円$$

満期時にまとめて課税する「課税繰り延べ」のほうが、7482円（127万5132円－126万7650円）多くなりました。運用期間が長くなるほど、課税繰り延べのある・なしの差は広がります。金利が同じなら、**課税繰り延べが受けられる金融商品のほうが有利**です。

外貨預金の利回りは為替に注意する

外貨預金は金利収入にプラスして、預入時よりも円安になれば為替差益が手に入る。ただし、円高による為替差損は要注意。

→ 外貨預金は円安による為替差益が重要

「**外貨預金**」は、ドルやユーロなどの外貨で預ける普通・定期預金です。外貨預金を扱っている銀行で、円を外貨に交換して預けます。

外貨預金の収益は、①**預金金利**、②為替相場の変動で生じる「**為替差益**」の2つです。

まず、コストを考慮しない外貨預金の利回りを説明します。外貨預金の満期受取額（円ベース）の公式は、

外貨預金の満期受取額（円ベース）＝

$$外貨元本 \times \left(1 + \frac{利率(\%)}{100} \times \frac{日数}{365}\right) \times 為替相場（満期時の為替レート）$$

100万円（元本）を金利1％のドル定期預金（預入期間1年）に預けたとします。為替相場は、預入時が1ドル＝90円、満期時は1ドル＝93円とします。

まず100万円をドルに交換すると次のようになります。

外貨（ドル）元本＝100万円÷1ドルあたり90円＝1万1111.11ドル

次に満期時の受取額（円ベース）は、

1万1111.11ドル×$\left(1+\dfrac{1}{100}\times\dfrac{365}{365}\right)$×1ドルあたり93円
＝104万3666円

投資額に対する収益の割合が、「外貨預金の利回り」です。

（104万3666円－100万円）÷100万円×100＝4.366％

　ドル預金自体の金利は1％ですが、利回りは4％を超えました。理由は、**預入時よりも「円安」になって、「為替差益」（為替変動による利益）がプラスされた**からです。
　このように、外貨預金はハイリターンがねらえますが、逆に**預入時よりも「円高」になると、「為替差損」（為替変動による損失）**で、利回りが下がったり、元本を割ってしまうリスクもあるので要注意です。

　外貨預金のコストは、通貨を交換する際に銀行に支払う「為替手数料」と税金です。
　税金は、利息に対して所得税20％が外貨ベースでかかります。
　また、為替差益には所得税がかかります。この所得税は雑所得扱いで、総合課税（所得合計額に決められた税率を掛ける課税方法）されます。
　外貨預金は、提示される金利がいくら高くても、為替相場しだいでは損する可能性があります。ですから、**損失を避けることができる為替レート（外貨預金の損益分岐点）をあらかじめ確認しておく**ことが大事です。

05 債券投資には3つの利回りがある

債券は購入・売却のタイミングの違いで、応募者利回り、最終利回り、所有期間利回りに分かれる。

→ 「応募者利回り」は新発債を満期まで所有した利回り

「**利付債**」(利息がつく債券)の利回りは、「**応募者利回り**」「**最終利回り**」「**所有期間利回り**」の3つに分かれます。理由は、購入・売却のタイミングの違いで、計算方法が異なるからです。

説明の前に、債券の利回り計算に必要な用語を押さえておきます。

①償還期限

債券が償還される(満期になる)までの期間です。

②額面

債券に記載されている債券価格で、満期時に戻ってくる金額です。

③表面利率

額面金額に対する利息の割合です。利息は毎年受け取れます。

④発行価格

実際に「**新発債**」(新規で発行された債券)を買える価格です。たとえば、額面が100円でも、発行価格は98円となったりします。額面は定価、発行価格は販売価格だと思えば理解しやすいでしょう。

まず、応募者利回りとは、「新発債」を購入し、満期まで所有し

た場合の利回りです。公式は、

$$応募者利回り（\%） = \frac{利率 + \dfrac{（額面価格－発行価格）}{保有期間}}{発行価格} \times 100$$

償還期限5年、表面利率3％、発行価格＝98円（額面100円）の新発債を満期まで所有した場合、応募者利回りは、

$$\frac{3 + \dfrac{(100 - 98)}{5}}{98} \times 100 = 3.469\%$$

表面利率（3％）よりも利回りが0.469％高いのは、発行価格が額面よりも安かったからです。発行価格と利回りの関係は、以下のようになります。

・発行価格が下がる→利回り上昇
・発行価格が上がる→利回り低下

「最終利回り」は既発債を満期まで所有した利回り

最終利回りとは、流通市場で「**既発債**」（発行済みの債券）を購入して、償還まで保有した場合の利回りです。

新発債と違って、既発債の購入価格は、相場の変動によって変わってきます。公式は、

$$最終利回り（\%） = \frac{利率 + \dfrac{（額面価格－購入価格）}{保有期間}}{購入価格} \times 100$$

表面利率3％、購入価格＝96円（額面100円）、保有期間4年の場合、最終利回りは、

$$\frac{3+\dfrac{(100-96)}{4}}{96} \times 100 = 4.166\%$$

購入価格と利回りの関係は以下のようになります。

・購入価格が下がる→利回り上昇
・購入価格が上がる→利回り低下

➡ 「所有期間利回り」は既発債を満期前に売却した利回り

所有期間利回りとは、流通市場で既発債を購入し、償還前に売却した場合の利回りです。公式は、

$$所有期間利回り（\%）= \frac{利率+\dfrac{（売却価格-購入価格）}{保有期間}}{購入価格} \times 100$$

表面利率3％、購入価格＝96円（額面100円）、売却価格＝98円（額面100円）、保有期間5年の場合、所有者期間利回りは、

$$\frac{3+\dfrac{(98-96)}{5}}{96} \times 100 = 3.541\%$$

売却価格と利回りの関係は、以下のようになります。

・売却価格が上がる→利回り上昇
・売却価格が下がる→利回り低下

実際にはコストである税金が別途かかります。また、「経過利子」と呼ばれる日割の利息相当額が受払いされるケースもあります。

06 2つの収益から投資信託の利回りを求める

投資金額に対する、売却益＋分配金の比率で計算する。別途、税金、販売手数料、信託報酬などもかかる。

→ 投資信託の収益性を計る総合利回り

「**投資信託**」は、不特定多数の個人からお金を集めて、運用会社がまとめて運用し、その収益を投資家に分配する金融商品です。

投資信託の以下の2つの用語を覚えておきましょう。

①基準価額

「1口」（投資信託の単位）あたりの資産価値を表す金額です。基準価額の値上がりで得られる収入が「**キャピタルゲイン**」です。

②分配金

投資家から集めたお金を運用して得た収益を、投資家に還元するお金です。分配金による収入が「**インカムゲイン**」です。

投資信託の収益性は「**総合利回り**」で計算します。公式は以下のとおり。**年間の総合収益＝キャピタルゲイン＋インカムゲイン**です。

$$投資信託の総合利回り（\%）＝\frac{年間の総合収益}{投資額}×100$$

投資信託の基準価額が1口＝1万円で100口購入（投資額100万

円）、1年後に1口＝1万2000円で売却したとします。1年間の配当金は1口＝500円です。

キャピタルゲイン＝（売値1万2000円×100口）－（買値1万円×100口）＝20万円

インカムゲイン＝1口あたり500円×100口＝5万円

収益合計＝20万円＋5万円＝25万円（税引前）

$$総合利回り（\%）＝\frac{収益合計25万円}{投資額100万円}×100＝25\%（税引前）$$

　以上は税引前の総合利回りです。実際には、投資信託の分配金・売却益には税金がかかります。税率は、2011年までが軽減税率の10％、2012年以降は通常の20％となります。

　さらに、税金以外にも、以下のコストがかかります。
①販売手数料
　投資信託の販売会社に支払う手数料です。一般に購入金額の2〜3％程度です。無料（ノーロード）の投資信託もあります。
②信託報酬
　運用・管理に対する報酬として、投資信託の残高から引かれます。一般に資産残高の0.01〜3％程度が毎年自動的に引かれます。
③信託財産留保額
　解約時にかかる解約手数料です。一般に基準価額の0.1〜0.3％程度です。最近は、これをとる投資信託は少なくなっています。

07 アパート・マンション投資の2つの利回り

表面利回りと実質利回りがあるが、収益力を把握するなら実質利回り。

➡ 物件の収益力をざっとつかめる「表面利回り」

　アパート・マンション投資（経営）の利回りは、「**表面利回り（グロス利回り）**」と「**実質利回り（ネット利回り）**」があります。

　表面利回りは、単純に家賃などの年間収入を購入金額（投資金額）で割ります。一般に、10％以上が投資可能な目安で、公式は、

$$表面利回り（\%） = \frac{年間収入}{購入金額} \times 100$$

　価格2億円（建物＋土地）、家賃毎月12万円、部屋数15のマンションで、満室だとします。1年間の年間収入は、

家賃12万円×15（部屋）×12カ月＝2160万円

　この物件の表面利回りは、

$$\frac{年間収入2160万円}{購入価格2億円} \times 100 = 10.8\%$$

表面利回りは簡単に計算できるので、物件の収益力をざっと把握するときに便利です。

→ 正確な収益力は「実質利回り」で判断する

ただし、実際には固定資産税や仲介手数料、管理費、ローンの利息など、さまざまな費用がかかります。実質利回りとは、こうしたコストを加味して計算した利回りです。

まず、不動産の投資コストは以下の2つに分かれます。

①イニシャルコスト

物件の購入時にかかるコストです。仲介手数料、消費税などです。

②ランニングコスト

物件の維持にかかるコストで、管理費、ローンの利息などです。

アパート・マンションの正確な収益力を判断するには、すべてのコストを加えた実質利回りを基準にする必要があります。計算式は、

$$実質利回り(\%) = \frac{(年間収入 - 管理費・税金等諸経費)}{購入価格} \times 100$$

先のケースで管理費・税金等諸経費が年間800万円とすると、実質利回りは、

$$\frac{(年間収入2160万円 - 管理費・税金等諸経費800万円)}{購入価格2億円} \times 100 = 6.8\%$$

アパート・マンション投資は、物件の人気がなくなって入居率が下がる、すぐに売却できない、古くなった建物の資産価値が下がるなどさまざまなリスクがあるので、慎重な投資判断が求められます。

Part 9

借りる金利・利回りに強くなろう

01 元金均等償還方式

ローンの返済方法①

元金の返済が早く進む方式で、最終的に支払う利息の総額が少なくてすむ。

→ 元金の返済額が毎回同じ返済方法

「**元金均等償還方式**」とは、元金（借りた金額）部分の返済額が常に一定で、それに利息をプラスした金額を毎回返済する方法です。

メリットは、最終的に支払う利息総額が最も少ないこと。デメリットは、支払い当初の返済負担が重いことです。

たとえば、1000万円を借入れ、金利3％、期間10年、1年に1回返済で合計10回返済とします。一般的には毎月返済（1年に12回）ですが、計算を簡単にするために1年に1回とします。

毎回の元金返済額は、

1000万円÷10＝100万円

支払う利息金額は、1000万円を金利3％で借りているので、1年後の利息は、

1000万円×3％＝30万円

1回目の返済額は、

元金部分100万円＋利息30万円＝130万円

2回目の借入残高は900万円（1000万円－100万円）になります。2回目に支払う利息は、以下のように減ります。

900万円×3％＝27万円

「○何回目の利息返済額」は、以下の公式で計算できます。

｛借入額－各回元金返済額×（当該回次－1）｝×利率

たとえば、5回目の利息の計算は、以下のようになります。

｛1000万円－100万円×（5－1）｝×3％＝18万円

このように、利息部分の返済額は回を追うごとに減っていきます。

最後に、元金均等償還方式の元金につく利息合計額は、以下の公式で計算します。

$$\frac{借入額}{返済回数} \times \frac{(返済回数＋1)\times 返済回数}{2} \times 利率$$

では、先ほどのケースで利息合計額を計算してみましょう。

$$\frac{1000万円}{10} \times \frac{(10＋1)\times 10}{2} \times 3\％＝165万円$$

ローンの返済方法②
元利均等償還方式

支払う額は常に一定。内訳の元金と利息の比率が変化していく。住宅ローンで最もよく使われる方法。

→ 返済額は毎回一定だが、元金と利息の比率が変わる

「元利均等償還方式」は、住宅ローンなどの金額が大きく、返済期間が長いローンに使われます。

毎回の返済金額が一定で、金額の内訳（元金と利息の比率）が毎回変わります。利息は、前回返済後の借入金残高に対してつきます。

メリットは、常に毎回の返済額が一定なので、返済計画が立てやすいこと。デメリットは、返済当初は金利部分ばかりを支払って元金部分がなかなか減らず、元金均等償還方式に比べて利息負担が増えることです。

1000万円を借入れ、金利3％、期間10年、1年に1回返済で合計10回返済とします。一般的には毎月返済（1年に12回）ですが、計算を簡単にするために1年に1回とします。

まず、1回目の返済前の借入金残高（元本＋利息）は、

1000万円×1.03＝1030万円

1回目の返済終了後の借入金残高は、

1030万円－毎回返済額

2回目の返済では、前回の返済後の残高に利息がつくので、

（1000万円×1.03－毎回返済額）×1.03

ここから毎回返済額を引いた金額が2回目の返済を終えた直後の借入金残高になります。

（1000万円×1.03－毎回返済額）×1.03－毎回返済額

この計算を全額返済し終える10回目まで繰り返します。毎回返済額は、最後の10回目で借入残高がゼロになるような額に設定されているのです。

以上は、元利均等償還方式の具体的なイメージをつかんでもらうために説明しました。毎回返済額の求め方の公式は以下のようになります。

$$借入額 \times \frac{\dfrac{利率}{100}}{1-\left(1+\dfrac{利率}{100}\right)^{-返済回数}}$$

※ マイナスの乗数計算は関数電卓やPCの表計算ソフトで算出できる

前述した事例を公式に当てはめて計算すると、毎回返済額117万2305円を10回支払い、合計返済額は1172万3050円。

利息合計額は172万3050円（1172万3050円－1000万円）です。元金均等償還方式のときの利息合計額は165万円でしたから、元利均等償還方式のほうが支払う利息が多いことがわかります。

03 アドオン方式

ローンの返済方法③

利息がいつまでも減らない最も効率の悪いローン。

→ 最後まで当初の借入元本で利息を計算

「**アドオン方式**」は、しくみはシンプルですが、金利負担が最も大きい返済方式なので、利用はできるだけ避けるべきです。

返済終了時まで、借りた最初の元本金額に対して利息がつき、いつまでたっても支払利息は減りません。

アドオン方式で10年という長期借入れはありませんが、ここでは比べやすいように他の2つの返済方法と同じ条件にします。

1000万円を借入れ、金利3％、期間10年、1年に1回返済で合計10回返済とします。一般的には毎月返済（1年に12回）ですが、計算を簡単にするために1年に1回とします。

1回あたりの支払利息の合計額は30万円（1000万円×3％）。よって、10年間で支払う利息合計額と元金を含む返済総額は、以下のようになります。

利息合計額＝30万円×10＝300万円

返済総額＝1000万円＋300万円＝1300万円

04 住宅ローン金利の種類と選び方

変動金利型と固定金利型の主要なものを知っておこう。

➡ 変動金利型のしくみとルール

住宅ローンの種類と選び方を説明します。まず、金利下降が予想される場合は「**変動金利型**」が有利です。

適用金利が年2回（4月1日と10月1日）見直され、市場金利におおむね連動するタイプです。

ただし、6カ月ごとに金利が見直されても、5年間は返済額を据え置く「**5年ルール**」が導入されています。つまり、返済額は5年間変わりません。

ただし、5年ルールの期間中に金利の見直しがあった場合、返済額の利息部分と元金部分の内訳が以下のように変更されます。

①**適用金利が上がった場合**

利息が増えるので、利息部分の比率が上がります。上がったぶん、元金部分の返済は遅れます。5年後、毎月返済額が見直されて、金利が上がったぶん毎月返済額が増えます。

②**適用金利が下がった場合**

利息が減るので、利息部分の比率が下がります。下がったぶん、元金部分の返済は進みます。5年後、毎月返済額が見直されて、金

利が下がったぶん、毎月返済額が減ります。

　変動金利型には、「**25％ルール**」があります。毎月返済額の見直し時に、「25％以上は増額しない」取り決めのことです。
　ただし、本来増やす必要があった返済額を抑えただけの話なので、金利が上がったぶん、総返済額が増えることに変わりはありません。

「**上限金利特約付変動金利**」は変動金利型の一種ですが、あらかじめ決められた「**上限金利**」を超えないルールがあります。
　上限金利は、金利上昇リスクに対する"保険"ですが、通常の変動金利よりも金利が高くなります。今後、金利上昇の可能性が高く、手数料を払ってでも上限金利をつけたい場合に有効です。

→ 3種類の固定金利型住宅ローン

　金利上昇が予想される場合は「**固定金利型**」が有利です。一定の期間中、あらかじめ決められた金利で固定されるタイプです。
　固定金利型は、固定期間が長くなるほど、金利が高くなります。なぜなら、期間が長くなるほど、銀行の住宅ローン金利設定のベースになる市場金利の水準が高くなるからです。

①段階金利型
　一定期間金利が変わらず、その後、段階的に金利が上がります。
②固定金利期間選択型
　最初に決めた1年〜10年間程度、金利が固定されます。その後、金利タイプを選び直します。
③全期間固定型
　借入れから完済までの全期間、金利が変わらないタイプです。

05 金利負担を減らせる住宅ローンの一部繰り上げ返済

返済額軽減型と期間短縮型で一部繰り上げ返済をした場合の効果を比べてみよう。

→ 「返済額軽減型」と「期間短縮型」がある

「住宅ローンの一部繰り上げ返済」とは、返済期間中に住宅ローンの元金の一部を前倒しで返済して、支払利息を減らす方法です。

住宅ローンで使われている元利均等償還方式（→P262）は、当初の返済額のほとんどを利息が占めています。一部繰り上げ返済を早く行うほど、金利負担を減らすことができます。

一部繰り上げ返済後の支払方法は、「返済額軽減型」と「期間短縮型」の2つから選びます。

①返済額軽減型

返済期間は変えず、毎月の返済額を減らします。月々の支払いを少なくしたい場合に選びます。

②期間短縮型

毎月の返済額は変えず、返済期間を短くします。早く払い終えてしまいたい場合に選びます。

では、繰り上げ返済をしなかったケースと、したケース（①返済額軽減型、②期間短縮型）を比べてみます。

元利均等償還方式の住宅ローンを固定金利5％、返済期間30年の条件で3000万円借りたとします。毎月の返済額は16万1046円。
　その後、10年間返済した時点（残存元本2440万2620円）で、300万円を繰り上げ返済しました。金利負担軽減効果は、

①繰り上げ返済をしなかったケース（残存元本＝2440万2620円）

毎月の返済額＝16万1046円

残存期間＝20年

返済総額＝5797万6566円

②繰り上げ返済したケース

・返済軽減型（残存元本＝2140万2620円）

毎月の返済額＝14万1247円

残存期間＝20年

返済総額＝5622万4925円

・期間短縮型（残存元本＝2140万2620円）

毎月の返済額＝16万1046円

残存期間＝16年2カ月（3年10カ月短縮）

返済総額＝5357万1820円

　返済軽減型は、毎月の返済額が1万9799円減り、返済総額が175万1641円減ります。期間短縮型は、毎月の返済額が同じで、返済期間が3年10カ月短くなり、返済総額では440万4746円減ります。**期間短縮型を選んだほうが得**なことがわかります。
　なお、繰り上げ返済と借り換えの試算は、住宅保証機構の住宅ローンシミュレーションのサイトで簡単に行えます。

06 支払利息を減らす住宅ローンの借り換え

当面の金利、返済額だけでなく、トータルで返済総額が減る効果があるかどうかをチェックすることが大切。

→ 金利差1％以上が目安

「住宅ローンの借り換え」とは、現在借りている住宅ローンから、より低い金利の住宅ローンに借り換えて、支払う利息を減らす方法です。

ただし、新たに他の金融機関で住宅ローンを組むことになるので、新規と同じ手続きが必要です。勤務先が変わって収入が減っていたりすると、審査に通らない場合もあります。

借り換え契約の際には、「諸費用」（抵当権抹消費用、登録免許税、司法書士手数料、保証料、印紙代など）がかかり、一般に数十万円になります。さらに、住宅ローンを借りていた銀行に、一括返済の手数料も支払う必要もあります。

借り換えをする前に、すべてのコストを計算して、返済総額が減るのかどうかチェックしましょう。

一般に、住宅ローンを借り換える目安として、以下の3つの条件に当てはまるかどうかをみます。

①借り換え前と借り換え後の金利差が1％以上

②ローンの残高が1000万円以上
③返済の残存期間が10年以上

　借り換えで適用金利は低くなっても、固定金利型から変動金利型（または固定金利期間選択型）に変えた場合、将来、金利が上昇したら、返済負担が増えるかもしれません。
　当面の金利や返済額だけに目を奪われず、トータルで利息軽減効果が出せるかどうかを見極めることが大切です。

　元利均等償還方式の住宅ローンを固定金利5％、返済期間30年の条件で3000万円借りたとします。毎月の返済額は16万1046円。
　20年間返済した時点（残存元本1518万3682円）で、固定金利3％に借り換えました。諸費用は30万円かかるとします。このときの金利負担軽減効果は以下のようになります。

①借り換えを行わない場合

毎月の返済額＝16万1046円
返済総額＝5797万6566円

②借り換えた場合

毎月の返済額＝14万6614円
返済総額＝5624万4756円

　借り換えたことで、①毎月の返済額は1万4432円（16万1046円－14万6614円）、②返済総額は173万1810円（5797万6566円－5624万4756円）減りました。諸経費を30万円払ってでも、借り換えをしたほうが得です。

【編著者紹介】

上野　泰也（うえの・やすなり）

◉――みずほ証券チーフマーケットエコノミスト。1963年青森県生まれ、育ちは東京都国立市。1985年上智大学文学部史学科卒業。法学部法律学科に学士入学後、国家公務員Ⅰ種試験に行政職トップで合格し、1986年会計検査院入庁。1988年富士銀行（現みずほ銀行）入行。為替ディーラーを経て為替、資金、債券の各セクションでマーケットエコノミストを歴任。2000年みずほ証券設立にともない現職に就任。

◉――質・量・スピードを兼ね備えた機関投資家向けのレポート発信、的確な経済・市場予測で高い評価を得ており、『日経公社債情報』エコノミストランキングでは2002年から6年連続で第1位を獲得。テレビ東京『ワールドビジネスサテライト土曜版』などにレギュラー出演した後、NHK総合『Bizスポ』などのコメンテーターとして、現在活躍中。著書に『No.1エコノミストが書いた世界一わかりやすい為替の本』（かんき出版）、『日本経済「常識」の非常識』（PHP研究所）、『デフレは終わらない』『虚構のインフレ』（いずれも東洋経済新報社）、『「依存症」の日本経済』（講談社）、『チーズの値段から未来が見える』（祥伝社）など。経済雑誌への寄稿も多数。

【執筆者紹介】

河合　起季（かわい・たつき）

◉――経済ジャーナリスト。1961年生まれ。近代セールス社など金融関係出版社に勤務。近代セールス社では、銀行業界情報誌の副編集長として外国為替、投資信託、年金関連の企画立案・編集を行う。1999年編集プロダクション「企画・編集室サガズ」設立。

◉――FX取引実績、為替知識を生かし、『投資の達人』（毎日新聞社）、『ダイヤモンドZAi』（ダイヤモンド社）など各誌で外貨建て金融商品・為替相場の解説をするほか、幅広く金融関係を執筆。著書に『最強のハイリターン投資「eワラント」完全攻略ガイド』（マネーライフ社）。

Ｎｏ.１エコノミストが書いた世界一わかりやすい金利の本　〈検印廃止〉

2010年7月22日　第1刷発行

編著者――上野　泰也 ©
発行者――境　健一郎
発行所――株式会社かんき出版
　　　　東京都千代田区麹町4-1-4　西脇ビル　〒102-0083
　　　　電話　営業部：03(3262)8011(代)　総務部：03(3262)8015(代)
　　　　　　　編集部：03(3262)8012(代)　教育事業部：03(3262)8014(代)
　　　　FAX　03(3234)4421　　振替　00100-2-62304
　　　　http://www.kankidirect.com/

DTP――吉村朋子
印刷所――凸版印刷株式会社

乱丁本・落丁本は小社にてお取り替えいたします。
©Yasunari Ueno 2010 Printed in JAPAN
ISBN978-4-7612-6695-0 C0033